Escrita Criativa

Dados Internacionais de Catalogação na Publicação (CIP)
(Câmara Brasileira do Livro, SP, Brasil)

Di Nizo, Renata
Escrita criativa: o prazer da linguagem / Renata Di Nizo.
São Paulo: Summus, 2008.

Bibliografia.
ISBN 978-85-323-0526-8

1. Arte de escrever 2. Criatividade I. Título.

08-09363   CDD-808.0469

Índice para catálogo sistemático:

1. Arte de escrever: Português: Técnica de redação   808.0469

Compre em lugar de fotocopiar.
Cada real que você dá por um livro recompensa seus autores
e os convida a produzir mais sobre o tema;
incentiva seus editores a encomendar, traduzir e publicar
outras obras sobre o assunto;
e paga aos livreiros por estocar e levar até você livros
para a sua informação e o seu entretenimento.
Cada real que você dá pela fotocópia não autorizada de um livro
financia o crime
e ajuda a matar a produção intelectual de seu país.

Renata Di Nizo

Escrita Criativa

O prazer da linguagem

summus editorial

ESCRITA CRIATIVA
o prazer da linguagem
Copyright © 2008 by Renata Di Nizo
Direitos desta edição reservados por Summus Editorial

Editora executiva: **Soraia Bini Cury**
Assistentes editoriais: **Andressa Bezerra e Bibiana Leme**
Ilustração da capa: **Andrés Sandoval**
Finalização da capa: **Daniel Rampazzo/Casa de Idéias**
Projeto gráfico e diagramação: **Crayon Editorial**
Impressão: **Sumago Gráfica Editorial**

Summus Editorial
Departamento editorial:
Rua Itapicuru, 613 – 7º andar
05006-000 – São Paulo – SP
Fone: (11) 3872-3322
Fax: (11) 3872-7476
http://www.summus.com.br
e-mail: summus@summus.com.br

Atendimento ao consumidor:
Summus Editorial
Fone: (11) 3865-9890

Vendas por atacado:
Fone: (11) 3873-8638
Fax: (11) 3873-7085
e-mail: vendas@summus.com.br
Impresso no Brasil

Dedico esta obra ao meu pai
VIRGÍLIO DI NIZO.

Escrevo para me aproximar
mais de mim mesma, com a
esperança de, assim, acercar-
me mais dele também.

Agradeço ao professor AGUINALDO, que estabeleceu uma analogia entre *Macunaíma*, de MÁRIO DE ANDRADE, e *Iracema*, de JOSÉ DE ALENCAR. Fui, então, irremediavelmente capturada pela beleza das palavras.
Aos alunos e parceiros da Casa da Comunicação, que me inspiram a escrever muitas histórias...

Sumário

Introdução 13

I
OS CAMINHOS DA ESCRITA

Hora de acabar com o pesadelo 27

Desfeito o qüiproquó 29

Onde mora a criatividade 30

A motivação de aprender 33

O gosto pelas palavras 36

O hábito da pesquisa ajuda. E muito 38

A leitura – absolutamente essencial 44

As janelas da percepção 49

O caminho da inspiração 56

O pulo do gato 58

II
ETAPAS DA ESCRITA

Workshop Escrita Criativa 63

A autodisciplina 64

Conhecer-se para estabelecer um método. . . . 66

A divisão e a complementaridade cerebral. . . . 72

Uma hora para cada coisa 76

Primeira etapa da escrita: criação 79

Segunda etapa da escrita: edição 81

Na ficção e na poesia 88

Correio eletrônico 89

O diálogo do e-mail 96

Ética e etiqueta caminham juntas 98

Valores da comunicação 100

Reflexão .102

III
TÉCNICAS DE CRIATIVIDADE

Foi dada a largada... 109

EXERCÍCIO 1 Buscando palavras

para nossas histórias 113

EXERCÍCIO 2 De uma palavra

nasce uma história 113

EXERCÍCIO 3 Mapa mental 113

EXERCÍCIO 4	Seqüência de exercícios para sensibilizar os sentidos	115
EXERCÍCIO 5	Contando uma história com base em objetos	116
EXERCÍCIO 6	Quarto de infância	116
EXERCÍCIO 7	Porão	116
EXERCÍCIO 8	A primeira vez	117
EXERCÍCIO 9	Diante de uma imagem, uma história	117
EXERCÍCIO 10	História sonorizada	118
EXERCÍCIO 11	As palavras adocicadas	118
EXERCÍCIO 12	O binômio fantástico	118
EXERCÍCIO 13	Transformando objetos	119
EXERCÍCIO 14	A junção de dois animais	120
EXERCÍCIO 15	As hipóteses fantásticas	120
EXERCÍCIO 16	Objetos perdidos da infância	121
EXERCÍCIO 17	A lógica fantástica	121
EXERCÍCIO 18	A vida dos provérbios	122
EXERCÍCIO 19	Técnica da imaginação ativa: jardim da criatividade	122
EXERCÍCIO 20	Explorando o erro criativo	123
EXERCÍCIO 21	Explorando o prefixo arbitrário	124
EXERCÍCIO 22	Explorando a sintaxe	124

EXERCÍCIO 23 Minhas memórias 124

EXERCÍCIO 24 O diálogo com o crítico interno . . . 125

Referências bibliográficas 127

Introdução

NA VIRADA DO SÉCULO XX, a velha máquina de escrever e as cartas manuscritas já haviam caducado. Nossos hábitos foram lenta e firmemente transformados pelo ritmo das invenções tecnológicas. Graças aos avanços da internet, somos obrigados a admitir a relação cada vez mais estreita entre as novas tecnologias e a escrita. Quem tinha em mente que "gramática nunca mais" é forçado a encarar, cedo ou tarde, o pavor gramatical – que tantos arrepios provoca.

Gramática não é nenhum bicho-papão, como demonstra sem pompa nem rococós o professor Pasquale Cipro Neto. No entanto, na prática, apenas decorar as regras gramaticais não é garantia de escrever melhor. Tanto é verdade que, mesmo tendo aulas de português durante os doze anos da educação básica, a maioria das pessoas tem dificuldades para escrever corretamente, e muitas cometem erros elementares.

O quesito "redação" nos vestibulares continua assombrando. Boa parte dos jovens padece na hora de colocar as idéias no papel, resultado de um ensino nem sempre eficiente e de uma cultura que não privilegia a leitura. Freqüentemente, são incapazes de elaborar um texto com um mínimo de coerência, que tenha começo, meio e fim.

Os e-mails corporativos causam espanto: erros básicos, idéias truncadas, falta de adequação, de clareza e originalidade. As empresas tentam suprir tais deficiências com doses cavalares de seminários que prometem objetividade, precisão e concisão. Mas parte considerável das pessoas permanece sem se relacionar com a escrita...

O mais honesto é reconhecer que nenhuma receita produz efeitos instantâneos. Articular idéias com clareza e simplicidade requer prática e aperfeiçoamento contínuos. Pressupõe acumular referências de mundo, resultado de intensa observação e curiosidade permanente; acordar para o domínio da linguagem; levar a sério o hábito de ler e escrever, se possível por prazer; complementar a formação cartesiana com altas doses de imaginação; e, acima de tudo, fortalecer o binômio lógica e criatividade.

A criatividade em evidência

EM 1981, O RENOMADO NEUROLOGISTA Roger W. Sperry ganhou um Prêmio Nobel por suas pesquisas sobre a separação e a identificação das funções dos hemisférios esquerdo e direito do cérebro. Tais pesquisas constataram que ambos os hemisférios participam de funções cognitivas superiores, mas cada um adota uma forma particular de processamento de informação. A teoria acabou repercutindo em várias áreas do conhecimento. O esporte moderno, por exemplo, beneficia-se dessas descobertas. Popularizou-se a dobradinha corpo—mente, sendo reconhecido o admirável talento do cérebro para moldar a realidade. Muito além das operações lógicas e racionais, buscou-se estimular o lado intuitivo e criativo, induzindo o cérebro a perceber a ação desejável.

O treinador Nuno Cobra explica como os atletas conseguiam melhorar ou modificar seu desempenho procedendo às induções mentais:

> *Para quebrar o elo dessa cadeia de pensamentos negativos que funcionam como armadilha para a auto-estima, temos que nos valer de uma programação mental bem positiva e estarmos sempre atentos às vacilações emocionais e à intromissão de pensamentos negativos, mentalizando a capacidade de realização do que se deseja alcançar...* (Cobra, 2000, p. 40)

Ou seja: utilizando as habilidades do hemisfério direito — não-racional. O treino de Ayrton Senna, por exemplo, consistia em imaginar com precisão sua melhor atuação, bem como a superação do próprio recorde.

Em experimentos médicos não convencionais no Canadá, nos Estados Unidos e, inclusive, no Brasil, foram comprovadas melhoras significativas no paciente quando se recorria às habilidades do lado direito do cérebro. Um bom exemplo é narrado, a seguir, pela equipe do Hospital Araújo Jorge:

> *Uma paciente, com câncer de rinofaringe, apresentou um quadro fóbico ao utilizar a máscara (recurso utilizado pela equipe médica de radioterapia para imobilizar o paciente e demarcar a área a ser trabalhada). Com esta paciente foi, primeiro, trabalhada a imagem do medo, com auxílio dos exercícios de relaxamento e visualização e, posteriormente, foi feito um trabalho de aproximação sucessiva do objeto desencadeador da fobia — a máscara. Neste caso, em poucas sessões, conseguimos conter o quadro fóbico e possibilitamos à paciente submeter-se ao tratamento com menos dor e sofrimento.* (*Apud* Carvalho, 1998, p. 113)

As pesquisas do dr. Roger W. Sperry também encontraram eco na educação. Nos anos 1980, a dra. Betty Edwards revolucionou a sala de aula ao desmistificar o misterioso talento para o desenho. Segundo ela, o método "Desenhando com o lado direito do cérebro" permite que todas as pessoas, e não apenas algumas, aprendam a desenhar, de forma rápida e eficaz. Seu doutorado alia o fundamento científico ao conhecimento intuitivo. "A premissa [da pesquisa] diz que o desenvolvimento de uma nova maneira de ver que utilize as funções especiais do hemisfério direito pode ajudar uma pessoa a aprender a desenhar..." (Edwards, 1984, p. 10).

Ao mesmo tempo, o movimento cultural de criatividade aflorava no Japão, em diversos países europeus e nos Estados Unidos. Uma das correntes norte-americanas, o *brainstorming* (praticado empiricamente desde 1938), ganhou projeção mundial. Utilizado para a produção rápida e quantitativa de idéias, deixa um breve espaço temporário para a "piração". Já a escola inglesa inovou com o método do pensamento lateral de Edward de Bono — técnica mais metódica e organizada que emprega processos conscientes. Esta última, porém, é uma forma de pensamento não linear e não racional.

A escola japonesa, baseada no Kaizen — progresso contínuo —, implantou o conceito da inovação participativa e a coleta de sugestões para a melhoria dos processos. A escola russa, responsável pelo método Triz, contribuiu com técnicas analógicas que demonstraram sua eficácia para todos os problemas tecnológicos. O método consiste, primeiro, em transformar cada problema específico em um problema geral e detectar sua contradição; depois, em pesquisar os princípios de invenção já existentes que podem ser utilizados com base em uma mesma matriz inventiva.

Na França, desde maio de 1968, movimentos de vanguarda preconizam a imaginação, enfatizando – em alto e bom tom – que todo mundo é criativo! Esse era o lema da Synapse, escola fundada por Christian Aznar, Pierre Bessis e Guy Aznar.

Segundo o sociólogo e escritor francês Guy Aznar (2005), ao desmistificar a imagem do criador solitário, que recorre à própria intuição, o que lhes interessava era pesquisar a criatividade em grupo. Para tanto, faziam uso de diversas correntes e práticas criativas: técnicas de expressão corporal, técnicas oníricas e projetivas, desenho, expressão gráfica, entre outras.

Precursores da primeira associação francesa para o desenvolvimento da criatividade (Crea – France), também foram pioneiros na intervenção organizacional e na criação de programas de formação continuada (considerados cursos de extensão universitária desde 2007–2008). Para Guy Aznar, há cerca de meio século a criatividade tornou-se profissão e, inclusive, tema de estudos graças à vontade.

Não mais deixar a criação de idéias à própria sorte, não contar somente com certos indivíduos excepcionais ou marginais. Em suma, o importante foi estabelecer uma prática metódica, organizada, aberta democraticamente a todos, possibilitando o nascimento da criatividade das idéias. (Aznar, 2005, p. 11)

As técnicas de pesquisa de idéias e as práticas pedagógicas se disseminaram em escolas, universidades, empresas e treinamentos abertos. Assim, na década de 1980, oficinas de expressão e criatividade, em especial de escrita criativa, proliferaram nos Estados Unidos e no continente europeu.

Um belo expoente francês, o Oulipo (Ouvroir de Littérature Potentielle), fundado pelo poeta e matemático Raymond Queneau, até hoje revoluciona a abordagem tradicional do ensino de redação. Os membros dessa oficina (Italo Calvino, Georges Perec, Marcel Duchamp, entre outros) inspiraram-se em modelos antigos (trovadores e retóricos) ou recentes (Raymond Roussel) com o objetivo de possibilitar novas formas de escrita. Para eles, o desafio era mergulhar em um labirinto de palavras, sons, frases, prosa e poesia e, sempre diante de novos desafios, sair do emaranhado criando literatura.

Em 1982, tive o prazer de participar da oficina de criatividade e expressão no Instituto de Ciências da Educação (ICE) da Universidade Central de Barcelona. O objetivo era criar novas metodologias para facilitar a aprendizagem de uma língua estrangeira, o francês. A premissa, por sua vez, era desbloquear a

19

linguagem (escrita e oral), estimulando as habilidades do lado direito do cérebro.

Os avanços da escola de psicologia genética de Genebra, em especial devido a Piaget, também nos influenciaram – sobretudo as observações, ao mesmo tempo sutis e sólidas, sobre o papel do jogo no desenvolvimento da inteligência. Tornava-se necessário favorecer o imaginário na sala de aula para, assim, ganhar em fluência verbal.

Naquele momento, eu integrava o curso de Artes Cênicas da Escola Superior de Teatro. Um prato cheio: elaborar jogos cênicos, de criatividade, de palavras e com palavras, entender e fazer aflorar a função lúdica da linguagem. Além de decodificar a experiência ou a informação, a linguagem permite expressar, agir com o outro, entreter a comunicação... Mas nossa tarefa mais ousada foi pesquisar a função do prazer da linguagem.

Os resultados mostraram-se encorajadores. As pessoas, imersas nos jogos, liberavam a expressão; escrever se transformava em uma atividade lúdica e dinâmica; o clima de descontração facilitava a fluência da escrita e da fala. Nessa época, apaixonei-me pelas palavras e, principalmente, pela possibilidade de me expressar.

Confesso que sempre odiei as aulas de inglês e de português. Detestava quando era preciso recitar poesias de Olavo Bilac. Lembro-me do suor nas mãos e da sensação de que minha cara se agigantava — tamanho o pânico de me expor. Já no primário, as redações eram um parto. Recebíamos quatro temas — e minha santa mãe redigia os textos, que eu aprendia de cor. No dia da prova, ela sempre tirava boa nota. Eu, cada vez mais arredia, passava horas intermináveis aprendendo as listas de pretéritos e impretéritos. Sofria de urticária só de pensar em escrever. Por essa razão, o início das oficinas de criatividade em Barcelona representou um grande desafio: eu me defrontava com meu próprio pavor de escrever.

Lembro-me das oficinas de criatividade, de uma experiência no ateliê de expressão, em particular. O objetivo era juntar palavras aleatoriamente, construindo frases. Criei de imediato um poema, mas a coordenadora achou que o poema havia sido copiado de um texto já existente. Levei um grande sermão, injusto. Ainda me lembro da vergonha exposta e do meu recolhimento súbito ante o desrespeito ao meu primeiro poema público. Talvez por isso inspire até hoje indivíduos desejosos de, por meio da escrita, confiar na sua aptidão criativa. (Di Nizo, 2007, p. 13)

Quando o propósito é liberar a escrita — a criatividade —, é fundamental suspender a intervenção limitadora do crítico interno. A grande aprendizagem, em termos didáticos, como veremos mais adiante, é

21

respeitar o melhor desempenho de cada hemisfério cerebral: uma hora para cada coisa.

Assim, o efeito das oficinas foi arrebatador, irreversível e curador. Fiz as pazes com as palavras e descobri que eu mesma era capaz de escrever. Quinze anos se passaram. Quando voltei ao Brasil, com meu trabalho já amadurecido, elaborei os fundamentos de minha empresa — a Casa da Comunicação.

Foram meses de muita inspiração e transpiração, enquanto desenhava cada módulo. Uma rápida pesquisa no mercado apontou que, entre as minhas propostas, os workshops de Escrita Criativa e Fala Criativa, bem como o de Foco e Criatividade, não encontravam eco no mundo organizacional. Lembro-me de quando decidi, então, que os dedicaria a mim mesma, como as meninas dos meus olhos.

Na mesma ocasião, uma amiga me convidou a participar da oficina de escrita com Edvaldo Pereira Lima, doutor em Ciências da Comunicação pela USP. Recém-chegado dos Estados Unidos e influenciado pelo *boom* das oficinas de "escritura criativa" (*creative writing*), ele elaborou o método Escrita Total, que, por meio de estímulos ao lado direito do cérebro, permite a todos escrever.

Falando honestamente, fiz o curso em estado de graça. Os exercícios que eu mesma utilizava, inspirados na oficina de criatividade de Barcelona, eram muito similares àqueles. Fiquei encantada diante da contribuição tão original do talento de Edvaldo. Também identifiquei o quanto a criatividade estava entrelaçada em meu DNA. Percebia os frutos da experiência na Europa em minha visão de mundo, em meu trabalho. Naquele momento, eu processava a síntese entre informação e conhecimento que resultou na Casa da Comunicação.

A grande contribuição de Edvaldo foi a insistência no exercício diário: um texto por dia. Fui uma aluna exemplar. Reuni as técnicas de Escrita Total e de criatividade. Tornei-me minha melhor cobaia. Meses dedicados a investigar — por meio de uma introspecção minuciosa e da prática regular — o desabrochar da escrita.

Nessa época, eu já escrevia com muito prazer, mas queria averiguar os ganhos do treino constante. Foram tantos e tão diversos que não saberia enumerá-los. Em resumo, quintupliquei minha rapidez em escrever — Edvaldo estava coberto de razão. O mais interessante, porém, foi descobrir o jorrar da riqueza incomensurável dos recursos da linguagem.

Iniciei com grupos abertos, sempre aos sábados. Um público variado: advogados, doutorandos, médicos e aposentados. Grupos, em sua maioria, absolutamente apavorados diante do papel em branco; professores de português que ensinavam as normas mas se inibiam ao escrever; vestibulandos, às vésperas da prova, prontos para o abate; mestrandos estressados com a dissertação que pairava no plano das idéias. Sinto-me, até hoje, gratificada quando as pessoas soltam o verbo e descobrem extasiadas que podem falar em público e escrever.

Assim, a missão deste livro é demonstrar que, ao fortalecer a aptidão criativa, todo mundo é capaz de desenvolver a competência da escrita. Ao mesmo tempo, admitir que qualquer pessoa é um aprendiz constante na tarefa de escrever. No mínimo, avivar o desejo de se expressar. Convido o leitor a persistir no caminho da descoberta da expressão original, própria do processo criativo, para dar forma ao que sente, ao que sabe e ao que quer.

Os caminhos da escrita

I

Hora de acabar com o pesadelo

Durante os workshops, constato que, com raras exceções, os participantes partilham a mesma dificuldade: iniciar um texto. Escrever, para algumas pessoas, continua associado ao trauma das correções em vermelho, às insossas redações de "domingo no parque" ou "minhas férias" do período escolar. Sem falar nas aulas enfadonhas de português, nas listas intermináveis de pretéritos marcantes e nas vírgulas impertinentes.

As queixas costumam ser idênticas, variando entre: o sofrimento para encontrar a palavra certa, a falta ou o excesso de idéias, a organização truncada de argumentos, as dúvidas de ortografia e concordância, entre outras. A ênfase da escrita permanece nos aspectos formais de linguagem, quase nunca na criatividade.

Muitos professores de português, embora conheçam as regras gramaticais e os macetes de construção retórica, também vivenciam certo constrangimento na hora de escrever. Profissionais de distinta *expertise* se angustiam: sobra-lhes teoria, mas, ainda assim, padecem na hora de demonstrar um raciocínio autônomo, personalizado. A duras penas, confrontam-se com a atividade da escrita, inertes diante da linguagem.

O desafio de escrever, às vezes, é similar à dificuldade de chegar a um país de língua estrangeira sem dominar o idioma. Por mais que estudemos gramática ou aprendamos de cor listas de verbos, não ganharemos em fluência. No início, não teremos a mínima idéia de como juntar as palavras. Pouco a pouco, as frases começarão a se encaixar como um imenso quebra-cabeça.

O mesmo acontece quando vamos escrever. O domínio em uma área específica ou o conhecimento formal do idioma não influencia a soltura para redigir. Superar o famoso "branco do papel" ou a "tela em branco" exige estratégias apropriadas. Esta é uma das funções das técnicas de criatividade: fazer soltar o verbo.

Escrever exige, além da desenvoltura, o aperfeiçoamento incessante que constrói o saber. Tal como se verá mais adiante, a escrita também se constrói, exceto em poucos casos, em conseqüência do tipo de leitor que somos. Acima de tudo, trata-se de uma comunicação da pessoa com ela mesma; da relação com sua história e com seu mundo pessoal.

Desfeito o qüiproquó

NO INÍCIO DO SÉCULO XX, as autoridades francesas solicitaram ao psicólogo Alfred Binet um instrumento pelo qual fosse possível prever que alunos teriam sucesso nos colégios parisienses. O famoso teste de QI (quociente intelectual), criado por Binet, testa a habilidade das crianças nas áreas verbal e lógica (as grades curriculares enfatizavam, sobretudo, o desenvolvimento da linguagem e da matemática) (Gama, s/d). Assim, o QI teimava em medir nossa inteligência, entendida como a capacidade de administrar a linguagem e a lógica. Quem não soubesse matemática ou português teria 50% de chance de permanecer no banco de reservas (além de receber os infames tapinhas no ombro: "Meu filho, sem português você não é ninguém!").

Os estudos do psicólogo Howard Gardner permitiram contestar a afirmação de que os indivíduos têm um padrão único e quantificável de inteligência. Para Gardner, trata-se da habilidade de resolver problemas da vida real, de gerar novos problemas a ser resolvidos, de fazer algo ou oferecer um serviço valorizado em sua cultura.

Nesse modelo, a supremacia da inteligência lógico-matemática perde sua soberania. Triunfar nos negócios ou no esporte requer inteligência. Entretanto, em cada um desses campos utiliza-se uma inteligência distinta. Einstein não é mais inteligente que o tenista Guga. A inteligência de ambos pertence a campos diferentes. Também não basta ter grande expediente acadêmico: quem é menos brilhante no colégio pode, ainda assim, triunfar no mundo dos negócios ou na vida pessoal.

A inteligência, até então considerada inata, converte-se em capacidade a ser desenvolvida, rompendo com o conceito tradicional de que se nasce inteligente ou não e de que a educação não pode mudar tal fato. A partir desse novo conceito, toda pessoa, mesmo sem ter aptidão lingüística, pode, a qualquer tempo, sair do banco de reservas.

A boa notícia é que a escrita pode ser ensinada e aprendida. Mas só a persistência no aprendizado garante a perícia. De fato, ninguém — mesmo aqueles dotados de potencialidade inerente — chega ao sucesso sem treino. O mesmo acontece com jogadores de futebol, ginastas, matemáticos, poetas ou pessoas emocionalmente inteligentes. O talento não basta por si só. É necessária a prática contínua.

Onde mora a criatividade

A TEORIA DAS INTELIGÊNCIAS MÚLTIPLAS levanta controvérsias, mas elucida, sobretudo, o que nos interessa: é possível desenvolver uma nova competência. Concordo: qualquer pessoa é capaz de estreitar seu relacionamento com as palavras. Claro, nem todo mundo é dotado de talento para se transformar em escritor. Mas todos podem, pelo menos, aprender a se expressar e a se comunicar melhor.

Ainda segundo o psicólogo Howard Gardner, "a inteligência da pessoa fornece a base para a criatividade; ela será mais criativa nos campos em que tiver mais energia" (*apud* Goleman, Kaufman e Ray, 1998, p. 65). Em minha opinião, o grande desafio na aprendizagem de uma nova habilidade é, justamente, apoiar-se nas inteligências ou nos próprios recursos criativos (ver "Quadro das inteligências e prática da escrita", p. 68).

O raciocínio é simples: o caldeirão da criatividade está relacionado à paixão, ao que se gosta e, em decorrência, ao que se faz bem. Por exemplo: um educador que ensina por vocação autêntica costuma ser criativo na hora de ensinar. Vamos imaginar que nunca tenha se interessado pela escrita, mas deseja tanto partilhar seu conhecimento que, um belo dia, acorda com vontade de escrever um livro. À medida que se entranhar no assunto, pesquisará e reunirá conteúdo teórico e prático... Observará, enfim, a relação entre as várias áreas do conhecimento, selecionando as idéias que respaldarão seu ponto de vista. Assim, alicerçado na criatividade para ensinar, acabará encontrando motivos para escrever. Desse modo, sua automotivação, baseada no próprio talento, favorecerá e impulsionará, cada vez mais, o aprimoramento da competência lingüística.

Também é verdade que gostar de matemática não garante a habilidade de ensiná-la. Você pode ser um excelente técnico e não ter aptidão para dar aula ou trabalhar em equipe (inteligência interpessoal).

Outro exemplo clássico é o de alguns profissionais que, devido à capacidade de produzir resultados, ocupam posições de liderança e, muitas vezes, são inábeis no trato com as pessoas. Da mesma forma, você pode ser um profissional ou pesquisador exemplar, capaz de articular oralmente os argumentos e hipóteses, mas não conseguir expressá-los adequadamente por escrito.

Por outro lado, um músico, salvo raras exceções, não está apto a elaborar um tratado de física quântica, do mesmo modo que um engenheiro dificilmente é criativo para compor uma música. É necessário ser competente em uma área específica para que a criatividade possa aflorar. Isso significa habilidade ou destreza em determinado campo.

É improvável alguém ser inventivo em uma área que desconheça. Além disso, é fundamental alimentar a capacidade do processo criativo. Saber incubar, deixar o problema de lado por algum tempo. E é com a persistência que se driblam os desafios para levar um projeto adiante. Mover-se pelo prazer do que se faz é a única garantia de realização. Gardner complementa:

A pessoa criativa tem de saber fazer as coisas com regularidade, não uma única vez ou esporadicamente. Trata-se de um estilo de vida. As pessoas criativas estão sempre pensando na área em que atuam, sempre investigando. E refletindo: o que tem sentido aqui, o que não tem? Se não tiver, posso fazer algo a respeito? (*Apud* Goleman, Kaufman e Ray, 1992)

Independentemente de a pessoa ser dotada ou não de talento para desenvolver a aptidão de escrever, é necessário que tenha conhecimento técnico e treinamento condizente. A maneira mais eficaz de aprender é descobrir onde mora a própria criatividade. Nela estão as bases sólidas e palpáveis e, inclusive, o combustível para perseverar...

A motivação de aprender

QUE ASSUNTO DESPERTA em mim o interesse em saber mais? Qual a base do meu entusiasmo? O que me torna mais curioso? Ao reconhecer a natureza da curiosidade, é possível entender o que a impulsiona. O escritor Eugênio Mussak lembra que são necessárias estratégias para encontrar os motivos, para motivar-se a agir. E acrescenta:

Dessa compreensão, surge o conceito da automotivação... Automotivar-se significa ganhar independência, carregar a própria fonte de energia, não ser paralisado por problemas, estabelecer uma relação mais saudável com aquilo que estamos fazendo. (Mussak, 2003, p. 137)

Que razões o levam a escrever? A autodisciplina é aliada indispensável para se conservar firme e constante, apesar das frustrações. O envolvimento vira comprometimento. A firmeza de propósito dá lugar à autonomia para dedicar-se, sempre, e desenvolver-se continuamente.

Os neurocientistas comprovaram que aprendemos melhor quando o objeto do aprendizado nos causa prazer. Muitas vezes, entretanto, o que nos impulsiona é a questão da sobrevivência, da necessidade. Hoje em dia, falar e escrever não são escolhas: são habilidades requisitadas em qualquer função.

Mais cedo ou mais tarde, todo mundo é solicitado a instruir-se na competência de escrever: o e-mail tornou-se ferramenta indispensável. Por outro lado, o trabalho acadêmico também exige desenvoltura para argumentar. Sem contar que o processo natural de ascensão na carreira implica, em várias situações, escrever artigos, projetos, pareceres... É inegável que o domínio da linguagem (oral e escrita) não pode ser ignorado.

Desenvolver a competência de escrever dá trabalho. Incorporar um novo exercício na rotina conta com inúmeros reveses: preguiça, telefone, amigos, chefe, dor de cabeça, globalização, apagão. Portanto, "constância" é a palavra-chave para orientar a vontade. Disciplina vem de dentro. É fruto de uma vontade independente que faz escolhas, subordinando sentimentos e humores aos próprios valores. Exige clareza de propósitos: a educação do querer.

Sejamos francos: ninguém dá pulos de alegria ao recusar sua sobremesa predileta porque está de regime. Os motivos da dieta, contudo, precisam ser filtrados pela razão. Adia-se um prazer imediato (a sobremesa) para se obter um prazer maior (emagrecer). É preciso fazer escolhas: que vida eu quero ter? Desenvolver uma nova competência compreende submeter minhas escolhas à minha vontade maior.

Um workshop de escrita criativa, no mínimo, estimula — e muito — a fluência. Todavia, na seqüência, é necessário automotivar-se para escrever e ler com regularidade. Transpor os contratempos e as zonas de conforto. Driblar o desânimo. Perseverar no trabalho paciente e contínuo da escrita.

Aprende-se muito ao resgatar o prazer na relação com a palavra, empenhando-se integralmente. Ou, pelo menos, devido ao esforço de mobilizar-se, em função da necessidade. É possível aprender por dever ou necessidade? Sim, você pode aprender alguma coisa mesmo sem vontade. Pode se perder na ranhetice, mas, em algum tempo, acabará gostando de escrever. Descobrirá que tem todos os recursos e encontrará sentido em usá-los. Você conquistará o prazer. Não é uma conquista fácil, é algo que se constrói aos poucos. Lentamente, o resultado acaba dando prazer. Quando você se der conta, já foi capturado.

O ser humano tem fontes inesgotáveis de possibilidades: intuição, ousadia, imaginação, alegria, vontade, coragem, fé... Nelas residem lembranças, cheiros, números, formas, cores, soluções, caminhos, gestos e palavras. Sem falar nas inúmeras opções que se podem cultivar.

Talvez você se encante com histórias imaginárias, talvez prefira a clareza e a simplicidade das narrativas. Quem sabe, escolha dissertar, esmiuçando argumentos e raciocínios com esmero. A linguagem, por meio da escrita, permite aos homens permanecerem interligados, partilhando conhecimento e sabedoria.

O gosto pelas palavras

ESCREVER É UMA HABILIDADE ORGÂNICA, e não mecânica. É uma aptidão natural ou adquirida que requer atitude criativa e observadora. Exige deter-se diante das palavras, procurando decifrá-las, deliciando-se com as histórias e com a possibilidade de narrá-las. Pressupõe, sobretudo, um encantamento pela linguagem.

O talento para escrever é um privilégio – sorte de quem teve o contato inicial com a palavra marcado por muita paixão. Do contrário, resta-nos zerar o termômetro da insegurança e abordar a competência da escrita como um processo dinâmico, acessível a quem estiver disposto a fazer sua parte, mesmo sem a pretensão de se tornar um escritor. É preciso descobrir o prazer da leitura. Uma atenção difusa que investiga a realidade, como se sonhássemos acordados. Leituras mais atentas que sondam as entrelinhas, que se surpreendem com cada palavra como se ela fosse um acaso – e não perfeitamente exata, impossível de ser substituída por qualquer outra. Palavras que nos assombram pela exatidão e nos arrombam o imaginário. Ou seja: cultivar o gosto pela palavra.

Treinar muito, ao mesmo tempo, para se expressar com desenvoltura e autoconfiança. Apostar nas idéias e deixar-se inundar por elas. Escrever por prazer, por teimosia. Acima de tudo: escrever sempre!

É tão necessário libertar-se de tudo que aprisiona o imaginário como fundamental conhecer muito bem as regras para poder burlá-las. Alguns autores consagrados, como o poeta Fernando Pessoa e o romancista José Saramago, tornaram-se camaleões da língua portuguesa exatamente por conhecê-la profundamente.

Se, no entanto, quisermos desmistificar e nos reconciliar com a escrita, teremos de sondar nossa expressão original, legitimar nossa autorização para escrever. Isso requer olhar, escutar, nomear emoções, recordar, indagar, vasculhar, pesquisar, observar, ler, reler, inspirar e transpirar, tornando-se um curioso nato da palavra. Só assim será possível a parceria honesta e produtiva entre lógica e intuição.

O hábito da pesquisa ajuda. E muito

MAS NÃO SE ILUDA: amontoar um punhado de boas idéias e aplicar regras gramaticais não garante a qualidade do texto. Além de soltura para escrever, é necessário, claro, conteúdo. Quanto mais formos capazes de abordar uma questão em profundidade, melhor fluirá a escrita.

Há formas de estimular a curiosidade e o conhecimento. As mais eficazes são a leitura e a pesquisa.

Algumas profissões, como o jornalismo, também exigem a expertise de garimpar informação ampla e bem fundamentada. Um texto jornalístico, normalmente, começa com uma síntese da informação. A conclusão está sempre no último parágrafo. Então, você pode fazer dois tipos de leitura: uma rápida, que lhe permite acessar o resumo, porque tudo é revelado na entrada para capturar a atenção do leitor; e outra mais detalhada, em que encontrará os elementos que justifiquem a síntese inicial.

Quando sou entrevistada por jornalistas, por exemplo, percebo o efeito dessas pesquisas, tanto na forma como me fazem as perguntas quanto na complementação do texto com dados suplementares ou citações de autores renomados. Enfim, com fontes fidedignas que reforçam a credibilidade na abordagem da matéria. O interessante é observar o arranjo particular daquele texto que seleciona e hierarquiza as informações, combinando idéias, fatos, entrevistas e exemplos concretos.

Um romancista também necessita pesquisar, mas de maneira distinta do jornalista ou do historiador. Ele investiga ambientes, trajes, épocas, jogos e divertimentos, casas, mobílias, jardins, comida, ocupações, tradições, convenções, gírias, a vida das pessoas comuns e o perfil dos personagens que compõem sua obra. Isto é, pesquisa para conhecer muito bem o cenário da história que contará.

Ainda que a grandeza da arte esteja, em grande parte, na visão genuína do próprio autor, a pesquisa preliminar e o discernimento básico da cultura dão consistência e autenticidade à obra. Ninguém duvida de que Guimarães Rosa tenha renovado a linguagem literária com mudanças formais porque dominava a linguagem coloquial e popular. Seus personagens míticos vivem no mundo de sua infância e mocidade. Vejamos alguns trechos do prefácio de seu livro *Primeiras estórias*:

> [...] *Bichos e plantas têm nome e atributos seguros; costumes e hábitos, mistérios e fainas revivem na sua autenticidade minuciosa.* **(Paulo Rónai in: Rosa, 2003, p. 20)**

> [...] A solução adotada por ele [Guimarães Rosa] consistia em deixar as formas, rodeios e processos da língua popular infiltrarem o estilo expositivo e as da língua elaborada embeberem a linguagem dos figurantes. Disse língua elaborada e não culta: Guimarães Rosa, conhecedor dos mais profundos do idioma, não se satisfaz em explorar-lhe todo o tesouro registrado e codificado, mas submete-o a uma experimentação incessante, para testar-lhe a flexibilidade e a expressividade. (Paulo Rónai in: Rosa, 2003, p. 30)

Para a romancista Jean Saunders, o sabor autêntico do romance "advém do seu conhecimento íntimo do assunto sobre o qual escreve [...] mesmo que acabe por utilizar apenas uma fração daquilo que aprendeu" (Saunders, 1998, p. 15). A autora adverte, logo a seguir, que a descoberta dos fatos deve ser resultado do prazer e da satisfação que a pesquisa traz. O prazer é, sem dúvida, ingrediente indispensável da curiosidade que nos seduz a explorar a realidade e a imaginação.

A escritora Eunice Soriano de Alencar reforça, também, a importância do impulso e do interesse apaixonado pelo que se faz: "A criatividade floresce mais facilmente quando o indivíduo realiza tarefas mobilizadas mais pelo prazer e satisfação do que pela obrigação e dever" (Alencar, 2000, p. 115).

Um bom exemplo que reúne pesquisa e paixão é o sucesso indiscutível da série norte-americana de investigação *CSI (Crime Scene Investigation)*. Os produtores e roteiristas são abastecidos de informação por profissionais da área. Sabe-se, inclusive, que alguns investigadores se tornaram roteiristas. As tramas baseiam-se em experiências cotidianas, recheadas de suspense e da visão própria dos autores. O fundo de autenticidade é tecido por um limite tênue entre o imaginário e o real.

De fato, quando qualquer aficionado da escrita descobre o valor das pesquisas, acaba convertendo-se em colecionador: estantes abarrotadas de livros, idas freqüentes a livrarias e bibliotecas, materiais sobre vários assuntos, recortes de jornais e revistas, velhas fotografias, anotações ao acaso sobre pessoas e lugares. Sem falar das listas de palavras impactantes, do deleite particular ao perceber que a linguagem, muitas vezes, transformada em um mosaico, milagrosamente revive expressões e realidades observadas e exploradas com afinco.

Jean Saunders deu-se ao trabalho de nos deixar uma obra — *Eu pesquiso para escrever* — com o intuito de ajudar o escritor a organizar suas pesquisas. Ela enfatiza:

> [...] tome nota de cada fonte, particularmente quando utilizar livros de referência, quer sejam seus ou empréstimos da biblioteca. Anote o título, autor e número de página onde encontrou a informação necessária e mantenha-a numa lista separada. Se não o fizer, é muito

> *provável que tenha esquecido completamente a sua fonte quando quiser adicionar ou confirmar a informação.*
> (Saunders, 1998, p. 17)

Infelizmente, quando li seu livro eu já havia perdido horas procurando — em vão — os autores das centenas de citações que guardava sem nenhum rigor. Hoje anoto tudo com a maior precisão possível.

Algumas pessoas me perguntam como se dá meu processo de criação para escrever. Trabalho de duas formas distintas. A primeira delas consiste em colocar as idéias no papel e, somente depois de um longo período de decantação, iniciar as releituras. Nesse momento, decido o caminho da pesquisa e quais obras vão respaldar conceitos.

A outra forma, ao contrário, é dar início a uma pesquisa sobre o assunto de meu interesse em sites, bibliotecas, livrarias, dissertações, por meio de pessoas que conhecem o assunto, velhas notas sobre observações pessoais ou bate-papos. Vou me impregnando de idéias e informações até que, em um belo dia, desando a escrever, sabendo de antemão quais serão minhas fontes.

Minha pesquisa é permanente. Tudo que cai em minhas mãos enseja imagens atreladas umas às outras que, juntas, podem desembocar em um bom personagem para um texto, um novo livro, uma dinâmica, a abertura de uma palestra ou o esboço de uma história.

Uma palavra fortuita é, muitas vezes, o estopim de um infinito quebra-cabeça que me instiga a um novo olhar de descoberta.

É desejável avivar continuamente a lista de nossas paixões, em qualquer área do conhecimento. Elas podem ser utilizadas no trabalho da escrita, porque permitem abordar assuntos com autoridade e encanto.

Jean-Jacques Rousseau (1712–1778) é um exemplo clássico de amante e estudioso da natureza. Toda a sua obra é permeada por essa irremediável paixão: "Eu sinto êxtases, contentamentos inexpressáveis a me fundir ao sistema dos seres, a me identificar com a natureza inteira" (Rousseau, 1994, p. 105). Rousseau confessa, em *Les rêveries du promeneur solitaire* [*Os devaneios do caminhante solitário*], que seu verdadeiro trabalho de escrita não acontecia no ambiente da mesa, dos papéis e dos livros, que o entediava e o desencorajava. Em face da recusa de um pensamento sistemático em proveito do devaneio, sua introspecção literária se passava na contemplação minuciosa e inspiradora do espetáculo vivo da natureza.

Cabe lembrar que uma novela, realista ou fantástica, também terá de construir personagens e pano de fundo baseados em informação (entrevistas, conversas; de novo, pesquisa). Para situar uma cena no passado, por exemplo, pode-se recorrer a memórias de infância, mas tudo depende do grau de realismo que se pretende dar à obra. Sensibilidade e imaginação são ingredientes indispensáveis. O que dará, entretanto, um mínimo de verossimilhança à história é a coleta de material concreto.

A leitura – absolutamente essencial

EM SUA EVOLUÇÃO, a humanidade sempre contou com pessoas de visão ampla, que inovaram por meio de pensamentos e ações arrojadas. As melhores idéias não nascem do nada. Não despencam sobre nossa cabeça como lampejos do céu. Elas precisam de um campo fértil para germinar. Isso requer uma mente aberta, disposta a enfrentar, com criatividade e discernimento, o ambiente desafiador em constante mutação. Significa manter-se receptivo às idéias divergentes, aos pensadores de todos os tempos. De fato, o que importa é ler muito, adquirindo riqueza de conhecimento.

O escritor e educador Rubem Alves, em artigo intitulado "É preciso aprender a brincar" (2005), fala sobre a importância de desafiar a inteligência. Segundo ele, no cotidiano, quando não estamos atentos, a inteligência realiza apenas as atividades rotineiras. Quando provocada pelo desejo, porém, ela cresce e se dispõe a fazer coisas consideradas impossíveis.

Na maior parte do tempo, as pessoas são induzidas a uma atualização sem trégua. Mas a pressa tornou-se nossa vilã e guia: não há tempo bastante para sentir, refletir, antecipar, degustar, contemplar. As leituras estão aceleradas. A verdade é que já não se sabe ler. A escrita sofre com isso. Qualquer impresso — *newsletter*, livro ou informativo — tem o poder, em fração de segundos, de nos agradar ou nos causar indiferença. É o tempo de "bater os olhos" para decidir se o texto merece ser lido ou se vai direto para a lixeira. Os profissionais de marketing viram ilusionistas, fazedores de gostos e desgostos.

Diante da enxurrada de informação, é imprescindível selecionar o que vale a pena ser consumido. Ter um olhar — clínico e apurado — para fazer escolhas cada vez mais conscientes. E aprender a pesquisar na internet, folhear um livro ou arquivo com rapidez e diligência, sem abrir mão dos momentos de delicada concentração para ler com qualidade, como o faria um investigador nato.

É fato: a leitura amplia a capacidade associativa e de armazenar informações, aprimora a memória, aumenta o vocabulário e o manancial de argumentos e respostas. Funciona como um catálogo de conhecimento e de estilos de vida. Os benefícios são ainda maiores quando se lê com qualidade, porque assim se estimulam o raciocínio crítico e a imaginação.

A leitura diversificada ajuda a tirar o cérebro da zona de conforto e dos estados habituais de apatia.

É o mesmo raciocínio de estradas e ruas. Quanto mais vias de acesso, maior a possibilidade de atalhos e rapidez de deslocamento. (Cardoso, 2003, p. 52)

Faz tempo que os cientistas descobriram a possibilidade de aumentar as ligações estabelecidas entre os neurônios (sinapses). Sabe-se que as células nervosas não trabalham isoladas: elas dependem da rede à qual pertencem. Quanto mais informação e conhecimento, mais sinapses vão se formando e, por conseguinte, melhoram o raciocínio e a memória, pois há um incremento na velocidade da transmissão de dados entre os neurônios. Daí a importância de diversificar a leitura.

As habilidades humanas, assim como as células nervosas, trabalham em interdependência. Quanto maior o hábito da leitura e a curiosidade por temas diversos, maior será a capacidade de pensar; maior a fluência de idéias; maior o arsenal de conteúdo e de bagagem lingüística.

Na prática, o hábito da leitura contribui, sobretudo, para o cultivo do gosto pela palavra. Além de conferir uma visão mais abrangente da vida, favorece a aquisição natural da gramática e do vocabulário. Estimula a geração de novas idéias, possibilitando envolvê-las com outras e lapidá-las como um artesão.

É preciso tornar sagrado o tempo dedicado à leitura. Revisitar escritores que, na adolescência, não soubemos apreciar. O tempo passa e nossos gostos também mudam.

A melhor forma de adquirir cultura de escrita e edição é ler obras de autores consagrados: Mário de Andrade, João Guimarães Rosa, Machado de Assis, José Saramago, Manuel Bandeira, Rubem Fonseca, Fernando Sabino, Rachel de Queiroz, Clarice Lispector, Lygia Fagundes Telles, entre outros tantos. Em suma, a leitura é um modo de aquisição de conhecimento valioso que faz parte da preparação geral da prática da escrita. E com prazer!

Segundo Arcângelo R. Buzzi e Leonardo Boff, devemos estar alertas para como nos aproximamos de um livro, prestando atenção nas motivações que nos levam a ler. Os autores sugerem que o livro é encontro, portanto devemos lê-lo dialogando.

Para ler é preciso achegar-se ao livro com muito interesse, olhá-lo com amor e tornar-se seu amigo [...] Passe a vista sobre suas folhas internas como se fosse o menu de um restaurante. Depois desse enamoramento sensível, examine suas atitudes internas para com ele: a alegria, a expectativa, a curiosidade, a indiferença, a afobação, a inquietação, a frustração [...]. Examine então a motivação que o leva a ler o livro. Se forem veleidade e gosto fútil; se por necessidade de profissão e trabalho; se por pressão social determinada pelo fato de o livro estar na moda, de ser o best-seller; se por neces-

sidade interna, como quem busca a resposta de um problema vital, como quem busca salvar a própria vida. Na medida do possível, procure vencer as antipatias, fomentar as simpatias e nutrir o interesse pelo livro. Torne-o seu amigo. (**Buzzi e Boff, 1987, p. 156**)

Não importa se você vai escrever obras de ficção, artigos e poesias ou se simplesmente quer aprimorar os textos corporativos e redigir mensagens breves. As idéias provêm da riqueza de experiências e das leituras que nos povoaram. O observador que você é permanece à espreita, dá uma direção e um sentido a tudo que fizer. A leitura ajuda e muito.

É imprescindível tornar-se um melhor leitor. Prestar atenção nos textos, submergir nas infinitas conexões de percepção, experiência e informação inscritas em uma rede de significados. Denota, ao mesmo tempo, converter-se em um melhor leitor dos textos dos demais e dos próprios textos.

Ler e escrever são atividades concomitantes. O leitor e o escritor representam uma única pessoa. O bom leitor deveria se comportar como se descobrisse os códigos de uma nova língua. Evitar as simples projeções ou a busca rápida de uma coerência superficial. Lançar o olhar de descoberta sobre o significado.

É preciso escrever e ler muito mais. Ler para se enternecer ou se deliciar. Reduzir a pressa e economizar a atenção para ler as palavras e degustá-las.

Aprender com cada escritor como utilizá-las. Desenvolver uma escrita que seja fruto de todos os textos lidos anteriormente. Em suma, ser um bom leitor aumenta suas chances de ser um escritor competente.

As janelas da percepção

COMUNICAR É UM ATO CORPORAL que compreende tanto processos verbais e não-verbais quanto os de percepção. Os sentidos — tato, visão, olfato, paladar, audição — são responsáveis por nossa experiência e aprendizado. Para o autor francês Louis Timbal-Duclaux, a inspiração do escritor não é um dom especial da imaginação; ao contrário,

> [...] na maioria dos casos, as boas e novas idéias lhe vêm de uma observação atenta da realidade do mundo que o rodeia e daquilo que ele tem em si mesmo. Estas faculdades não são inatas: desenvolvem-se, cultivam-se e afirmam-se com a experiência. Para sermos mais claros enumeremos sete faculdades complementares: olhar, escutar, sentir, recordar, ler, aprender a trabalhar com as palavras e aprender a trabalhar com o subconsciente. (Timbal-Duclaux, 1997a, p. 47)

Cada pessoa tem uma maneira própria de enxergar, apalpar, degustar, escutar, cheirar, sentir e observar. As percepções individuais acontecem quando se está disposto a ir além da informação sensorial, quando se atribui significado aos esquemas de sensação, traduzindo a experiência em sua totalidade. De forma diferenciada e peculiar, é possível transformar vivência e conhecimento em linguagem (oral e escrita). Essa junção única formatará, em parte, o comunicador/escritor que você é.

O educador austríaco Rudolf Steiner, fundador da Sociedade Antroposófica, considera ainda outros sentidos: sentido da vida (capacidade de sentir o que está dentro de nós); sentido do eu (capacidade humana de perceber-se e de perceber o outro); sentido da palavra (capacidade de perceber os significados); sentido do pensamento (percepção pura do pensamento por detrás das palavras); entre outros.

> [...] penetramos mais intimamente no mundo exterior não quando percebemos meramente com o sentido da audição algo que soa, e sim quando percebemos, por meio do sentido da palavra, algo que tenha significado [...]. Contudo, existe uma diferença entre a percepção da mera palavra, do soar pleno de sentido e da verdadeira percepção do pensamento por detrás da palavra [...]. Porém, no relacionamento vivo com o ser que emite a palavra, posso transportar-me imediatamente, por meio dessa palavra, para dentro desse ser que aí está pensando, desse ser capaz de representações mentais, e isto requer um sentido mais profundo do que o mero sentido da palavra — isto requer o sentido do

pensar [...]. E um relacionamento mais íntimo com o mundo exterior do que o sentido do pensar nos é dado por aquele sentido que nos possibilita sentir-nos unos com outro ser, que nós passamos a sentir como a nós mesmos. Isso acontece ao percebermos — por meio do pensar, do pensar vivo que nos é enviado por um ser — o eu desse ser: é o sentido do eu. (Steiner, 1999, p. 13-4)

Graças às primeiras experiências sensoriais da infância, a criança explora seu entorno. Por meio de desenhos e pinturas, ela expressa pensamentos, emoções, interesses e conhecimento do ambiente. A arte é uma forma de expressão do próprio eu, uma linguagem do pensamento. Todavia, tudo indica que, em algum momento, ao privilegiar o acúmulo de conhecimento e de capacidades intelectuais, em detrimento da auto-identificação e da auto-expressão, a pessoa perde a identificação consigo mesma e com aquilo que faz.

Viktor Lowenfeld e W. Lambert Brittain dedicaram-se à compreensão da capacidade criadora. Segundo eles, "cientificamente, fizemos grandes progressos, mas socialmente já não conhecemos nossos vizinhos imediatos e não somos capazes de nos comunicar com eles de forma pacífica" (1970, p. 17). Para Lowenfeld e Brittain, uma sociedade pacífica — que combina seres humanos de diferentes credos, cores e heranças — pressupõe a habilidade de se identificar com aqueles a quem se teme, aqueles a quem não se compreende ou aqueles que parecem estranhos. Os autores enfatizam, ainda, que a condição para se identificar com os outros é identificar-se consigo mesmo, o que é possível devido ao desenvolvimento da capacidade criadora. "O processo de criação implica a incorporação do eu à atividade; o próprio ato de criar proporciona a compreensão do processo que os demais atravessam ao enfrentar suas experiências" (1970, p. 17).

Lowenfeld e Brittain contrapõem a modernidade à vida de nossos antepassados, que eram construtores ativos de sua cultura. Com certeza, mantinham um contato mais estreito com o meio: construíam suas casas, cultivavam o alimento e o jardim; fabricavam doces caseiros; deliciavam-se com o cheiro do café recém-moído e da fornada de pão. As crianças brincavam debaixo das árvores, comiam bolinho de chuva e se entretinham com a observação da natureza.

Eu, por exemplo, lembro-me do quintal de minha avó, com suas árvores frondosas. Assim era a floresta – eu imaginava. E da plantação despretensiosa do milharal. Ao longo do ano, íamos averiguar o despontar das espigas até que seus cabelos vermelhos se transformavam na minha boneca mais exuberante. Depois reuníamos toda a família, e eu ficava encantada com o milho que virava bolo, pamonha e curau...

Diluiu-se aquela capacidade de estar inteiramente compenetrado no que se executa, quando tudo pode se transformar, a cada momento, na tarefa mais importante e prazerosa. Anseia-se pelos finais de semana ou pelas férias para, aí sim, sentir plena satisfação. Contudo, é preferível avivar a inteireza nos atos mínimos que executamos no cotidiano; capacitar-se para pensar, expressar sentimentos e se engajar na edificação da cultura. No dizer de Lowenfeld e Brittain: saber exatamente qual a nossa contribuição à sociedade.

> *A aprendizagem não somente significa acumular conhecimentos. Ao contrário, implica, além disso, poder usar nossos sentidos livremente e, com atitude criadora, desenvolver atitudes positivas com relação a nós mesmos e aos que nos rodeiam [...].* (Lowenfeld e Brittain, 1970, p. 16)

É possível revigorar os sentidos permitindo o processo contínuo das experiências sensoriais mais refinadas. Ir além das imagens pré-fabricadas e do olhar trivial lançado sobre as pessoas e os acontecimentos. Decodificar detalhes, diferenças, nuanças. "Precisamos fazer exercícios para VER TUDO AQUILO QUE OLHAMOS", afirma o escritor Augusto Boal (1995, p. 45).

Enquanto o olho traduz em ondas uma informação visual, o cérebro restitui essa imagem projetada sobre o que se vê. Para o psicanalista canadense Guy Corneau, esse mecanismo é espetacular: "O mais bonito é pensar que nós podemos receber essas ondas, condensá-las, canalizá-las, traduzi-las, expressá-las, dançá-las ou escrevê-las" (Corneau, 2007, p. 144).

Assim, do mesmo modo que para aprender a desenhar deve-se aprender a ver, para escrever é necessário, sobretudo em literatura, pensar por imagens, extrair delas outras imagens e o texto que trazem em si. Requer interiorização da experiência sensível, observação minuciosa do mundo real e do mundo transmitido pela própria cultura.

A sensibilidade auditiva é primordial. Ouvir é um ato biológico e escutar, um ato consciente que implica intenção de compreender. Ouvir com atenção cada solicitação, queixa, interjeição, murmúrio e zumbido; a entonação única, a cada momento diferente; receber, de olhos arregalados, as histórias, os relatos e testemunhos.

Exercitar-se a sentir tudo que se toca: a roupa macia, o toque suave da seda e a aspereza da lixa. As mãos entrelaçadas e o calor entre elas. O frio na barriga e o vento gelado. Tocar os cachos do cabelo e a fruta madura; o pontiagudo do espinho e a delicadeza do algodão; o sol aquecendo o corpo. Tocar os livros e as páginas do tempo.

Ah! E o paladar... O que dizer do sabor indescritível da manga, do pão italiano banhado no azeite, das nozes e amêndoas, daquele prato que sua avó sabia preparar melhor que ninguém, da sobremesa no domingo à tarde, da pipoca no cinema, das frutas furtadas do pé, embebidas de aventuras, dos cafés-da-manhã apaixonados, quando tudo muda de sabor?

Ah! E os cheiros que remexem as lembranças... O odor comunica-se diretamente com o sistema límbico — centro ativador da memória e das emoções. Desperta o passado e estimula a imaginação. Por isso tantos escritores utilizam o olfato para criar personagens e dar vida às intrigas.

Os sentidos se relacionam e nos devolvem muitos significados. O olhar de descoberta que vira encantamento. Voltar a se interessar pelas coisas simples. Aguçar a curiosidade. Estreitar o relacionamento com a realidade por meio de uma observação primorosa. Perceber o que acontece dentro e ao redor.

Permanecer atento a qualquer estímulo que possa disparar o processo criativo: uma conversa, uma imagem, um refrão, um pensamento, uma leitura, uma palavra. São lampejos: uma sensação se associa a outra, que remete a uma terceira, e assim por diante. Tudo é interessante: gestos, sapatos, dentes cerrados, silêncios, odores e cores.

Os dias, às vezes, se parecem uns com os outros. Como seria sair de um cativeiro depois de ficar às cegas durante um mês? Certamente, notaríamos as nuanças azuis do céu; reinventaríamos as tarefas antes enfadonhas; as relações ganhariam o toque pessoal e os alimentos, mais sabor. O caminhão da pamonha, em vez de incomodar, lembraria as avós. E avós trazem esperança, contam histórias...

O caminho da inspiração

MANTER ACESO O CALDEIRÃO DA CRIATIVIDADE — essa é a tarefa primordial de todo escritor e de quem quiser oferecer respostas inovadoras com agilidade. O primeiro passo é impregnar-se, tornar-se obcecado pelo problema. Esgotar o assunto, embebendo-se de tudo que possa oferecer conteúdo. Ampliar o leque da pesquisa. Farejar em outras áreas, bisbilhotar autores que você admira. Ser exaustivo e minucioso.

Acontece, no entanto, de as leituras não darem fruto algum e, de repente, um filme, um momento descontraído ou uma única palavra abrirem novas janelas de entendimento ou de pura inspiração. Por isso é importante, igualmente, certo distanciamento. "A intuição, fonte de percepção, vem até você, não se sabe de onde, justamente quando não está pensando naquilo. E você precisa ser receptivo a essa possibilidade" (Goleman, Kaufman e Ray, 1998, p. 42).

Pense em um vestibulando ou em um doutorando que permanece 24 horas por dia debruçado sobre livros e anotações, fechado em si mesmo, sem relaxar por um instante. Outro exemplo recorrente é o dos executivos que ficam ensimesmados no escritório. Quando o trabalho não rende, é imprescindível perguntar-se de que maneira se pode contribuir para fazer aflorar a intuição.

Às vezes, decido me aprofundar em um tema. Durante dias a fio, meu único foco é desvendar o assunto, embebendo-me em leituras específicas. Mas também preciso de oxigênio e das leituras de ficção. Sempre me surpreendo: as respostas estão nos lugares mais improváveis — em um romance, na conversa informal com um cliente, no bate-papo com os amigos, no silêncio...

Meu subconsciente, inteirado de minha necessidade, continua a trabalhar. Dou a ele estímulos e tempo suficiente para colaborar com meu consciente. Na prática — como diz Timbal-Duclaux —, devemos estar atentos às pequenas lufadas de inspiração que atravessam nossa cabeça e anotá-las rapidamente, porque, de acordo com ele, "toda idéia nova não anotada em 20 segundos desaparece" (Timbal-Duclaux, 1997a, p. 56).

Confesso: a enxurrada das melhores idéias pode me assolar a qualquer momento. Muitos *insights* acontecem quando estou compenetradíssima preparando o almoço. Às vezes, basta ouvir um relato que nada tenha a ver com o trabalho. O resultado é sempre encorajador: volto revigorada. Toda vez que me distancio, retomo a escrita com uma clareza impressionante. O texto flui outra vez. Cruzo as informações, enxergo a desordem e vislumbro uma nova ordenação.

Algumas pessoas liberam a criatividade quando estão dirigindo na estrada. Outras preferem uma boa leitura ou um banho tranqüilo, sem pensar em nada. Há ainda aquelas que precisam de movimentos vigorosos ou repetitivos. Sem falar nas que funcionam somente sob pressão. O resultado é admirável.

Gerenciar os recursos criativos. Tempo para o devaneio, para a criança, para o prazer. Instantes de trégua e meditação. Tempo de sonhar e realizar. Tempo de escrever para transitar entre o real e o imaginário, entre nós mesmos e o mundo. Nada como uma dose, cadenciada e constante, de inspiração e transpiração...

O pulo do gato

AO LONGO DO MEU LIVRO *A educação do querer*, reitero a mesma pergunta: que vida você quer ter? A conduta, assentada em valores e princípios, legitima o próprio querer. É preciso se dar uma chance para a satisfação real. O quanto você quer escrever?

Quando me comunico, deparo com o querer alheio. Há sempre um e-mail que não respondi. Pedidos negados sem sequer refletir. Respostas atravessadas, minhas ou dos outros. E o espanto do "sim" e daquela única palavra que, em meio à pressa cotidiana, furta-nos um sorriso. Debruçada no teclado, esqueço de quem está do outro lado, esperando algo de mim.

Recebo muitas respostas assim: "Ok!" Minha avó — que em paz descansa — diria que é uma charada. O "estilo ok" — que não diz nada. Ou, então, sinto-me invadida por glossários exaustivos do lixo eletrônico. Um sem-fim de imagens de Maria ou João, desaparecidos ou aflitos por um trabalho. Confusos, não sabemos gerenciar a caixa de e-mails. Por momentos, parece que criamos um monstro...

A comunicação retrata nossa profunda crise de valores. E, justamente, por meio da linguagem, imprimimos nosso legado. O meu e o seu testemunho, nossas histórias. Que comunicador você quer ser? Falta-nos regular — com qualidades e discernimento — nossa trajetória, nossa escrita.

Italo Calvino deixou uma obra no mínimo peculiar — *Seis propostas para o próximo milênio* —, em que discorre sobre as virtudes que devem nortear tanto a literatura quanto a nossa existência. Para ele, uma das funções existenciais da literatura é a busca da leveza como reação ao peso de viver.

Permito-me dizer que essa máxima também é válida para qualquer função da escrita. (Nada mais gostoso do que receber um e-mail com uma palavra mágica que desconcerta a seriedade da neurose coletiva.) Calvino associa a leveza "à precisão e à determinação, nunca ao que é vago ou aleatório" (2006, p. 28). Enfatiza que a escrita guarda tanto de realidade quanto de imaginação, experiência e fantasia. Expressando, por meio da matéria verbal, a diversidade do mundo de forma conhecida e, ao mesmo tempo, inverossímil, diversa.

Igualmente diversa é a trajetória das palavras, os motivos e valores que as nortearão. » » »

II

Etapas da escrita

Workshop Escrita Criativa

A PROPOSTA A SEGUIR tem o objetivo de expor minha prática e os métodos que utilizo durante os workshops de Escrita Criativa. Um espaço para desmistificar a escrita, antes considerada um dom apenas do escritor. É necessário, contudo, concentrar-se no processo. Escrever para descobrir e compreender o que é escrever. Você só conhece a escrita escrevendo.

O workshop, portanto, transforma-se em um lugar de muitas reflexões. O facilitador precisa descer do pedestal e engajar-se na relação que vai além da aprendizagem. O foco não é o saber, mas o sujeito e seu desenvolvimento, seu pensamento, sua palavra, sua vivência. Criar um estado de expressividade e legitimidade da própria expressão.

Coordenadas bem precisas exercitam a fluência das idéias diretamente no papel. A restrição tem efeito de desbloqueio. O mergulho na linguagem — desnuda — possibilita encontrar um elo pessoal e reconciliar-se com a escrita, mover os nós e desvelar um léxico pessoal que reforça a intuição.

As técnicas de criatividade desafiam a encontrar soluções rapidamente. Elas surpreendem. Você esquece o conteúdo e se concentra no plano lúdico. Nada de julgamentos sobre os textos, e sim o puro prazer de constatar que foram escritos.

Descobrir que é possível escrever sem a angústia de atingir um objetivo. Escrever *com* e *por* prazer. Essa dimensão do prazer facilita a expressão — divertir-se com a linguagem, contar histórias, dizer-se...

O workshop é um lugar de troca, de compartilhar a escrita. Onde, por excelência, aflora a inteligência intuitiva que pode inventar seu próprio território.

A autodisciplina

A HABILIDADE DE ESCREVER — assim como tantas outras — requer, antes de tudo, dedicação e perseverança azeitadas pelo gosto do trabalho com palavras. Aprender algo novo leva tempo. Compreende treino e prática, até que uma nova rede neuronal se estabeleça. O cérebro se acostuma a um padrão e reluta em aceitar o novo. A plasticidade cerebral, entretanto, garante que é possível reformatar e ampliar sua arquitetura.

Se você deseja, por exemplo, incorporar caminhadas diárias em seu cotidiano, terá de driblar a resistência natural, os julgamentos, o diálogo interno de desistência, os contratempos e as criativas justificativas que o incitam a deixar a atividade para o dia seguinte. Se persistir, no entanto, não apenas será capaz de ampliar seus limites como desfrutará de múltiplos benefícios, tornando essa atividade um vício prazeroso.

Desenvolver a escrita também exige autodisciplina. Mas cuidado: acima de tudo, requer a tênue conjunção de treino e prazer. Isso mesmo: você precisa sentir satisfação de escrever, independentemente dos resultados. O que importa, de início, é produzir textos como exercício da imaginação, sem nenhum tipo de exigência. Pescar as idéias sorrateiras que invadem a mente. Estabelecer uma relação de encantamento com as palavras.

[Meu avô] falava por meio de provérbios, conhecia centenas de contos populares e recitava longos poemas de cor. Aquele homem formidável deu-me o dom da disciplina e o amor pela linguagem, sem os quais não poderia hoje dedicar-me a escrever. (Allende, 2003, p. 52)

Como veremos mais adiante, minha proposta é que sejam dedicados diariamente de cinco a vinte minutos para escrever um texto. Entretanto, as pessoas que participam dos workshops de Escrita Criativa desistem, em geral, na primeira ou na segunda semana.

> "Outras coisas me absorveram."
> "Não tive tempo, não deu mesmo."
> "No começo foi bem legal, mas depois acabei largando."

O exercício cotidiano é a única garantia para escrever com fluência. De fato, quem almeja desenvolver a competência da escrita, mesmo sem pretensão de se transformar em escritor, necessita de treino. Concordo com a escritora norte-americana Francine Prose quando diz: "Aprendemos a escrever com a prática, o trabalho árduo, a repetição de tentativas e erros, o sucesso e o fracasso e com os livros que admiramos" (2008, p. 15).

Conhecer-se para estabelecer um método

RESTA SABER DE QUE MANEIRA cada um vai agenciar, de modo único e peculiar, suas aptidões. O importante é encontrar um método que possa favorecê-lo.

Há aqueles que escrevem como se fossem atropelados pelas idéias. Aventuram-se sem garantias (nunca sabem aonde o texto os levará). Quanto mais escrevem, mais querem escrever. Permitem o jorrar das idéias e, somente após deixá-las decantar, descobrem a estrutura do texto. Na hora da edição, corrigem desvios de rota, complementam, enxugam, checam a clareza e a coerência.

Outros, ao contrário, preferem trabalhar mediante um planejamento e uma estrutura sobre a qual o texto se desenvolverá. Há quem afirme que um bom planejamento permite economia de tempo. Existem várias técnicas de estruturação. Se você não conseguir decidir por qual optar, uma sugestão bastante simples é enumerar duas listas com argumentos: os prós e os contras. Outra possibilidade é categorizar o material, demarcando meia dúzia de títulos. Ainda é possível, uma vez delimitado o assunto, fixar o objetivo do texto, ordenando o desenvolvimento do trabalho.

Os mapas mentais (ver p. 113-115), por sua vez, são menos lineares. Eles representam o funcionamento mental e as redes de armazenagem de informação. São úteis para definir um plano de ação eficaz e criativo. Você começa com uma única palavra-chave inscrita dentro de um círculo; a seguir, acrescenta outras palavras associadas a esse termo central, ligadas a ele por uma linha. Desse modo, cria-se uma rede de idéias conectadas.

Em comum, como se verá mais adiante, tanto quem prefere planejar quanto quem prefere deixar o texto acontecer necessita, com raras exceções, trabalhar o processo de edição como única garantia para atingir bons resultados.

As competências adquiridas podem estimular a aprendizagem da escrita. Além disso, também influenciam diretamente as preferências e, portanto, a escolha das técnicas e do método mais adequado a cada perfil.

Como primeira condição, qualquer pessoa se envolve com maior intensidade quando uma atividade gira em torno de temas de seu interesse. Assim, por exemplo, se você gosta de música e se habitua a ler poesia, o texto ganha em ritmo.

Reconhecer as preferências e os recursos de que já se dispõe é um bom começo para conduzir a aprendizagem de modo consciente e decidido.

A seguir, primeiro uma definição resumida — com base nas obras de Howard Gardner — dos tipos de inteligência; depois, minha interpretação de como cada tipo pode favorecer a prática da escrita.

Quadro das inteligências e prática da escrita

INTELIGÊNCIA LINGÜÍSTICA: aprende melhor visualizando palavras, ouvindo e falando. É a capacidade de usar palavras de forma oral ou escrita. Inclui a habilidade do uso da sintaxe, da fonética e da semântica, bem como os usos pragmáticos da linguagem (a retórica, a explicação, a metalinguagem, entre outros). É a inteligência dos escritores e poetas, dos bons redatores e daqueles que têm mais facilidade para escrever. Utilizam ambos os hemisférios do cérebro. Pode ocorrer de a pessoa gostar de falar, mas não de escrever. Nesse caso, se for um bom ouvinte de histórias, é recomendável interessar-se pela construção das frases, pelo simples prazer das palavras. Ler em voz alta é altamente estimulante. Um diário, às vezes, serve de inspiração. Há quem se utilize de gravador para registrar idéias. Normalmente, são pessoas que gostam de ler — sem dúvida o maior incentivo para escrever! Além da primeira leitura prazerosa, é recomendável uma segunda para prestar atenção na construção do texto.

INTELIGÊNCIA LÓGICO-MATEMÁTICA: aprende por meio de classificações, padrões lógicos, categorizações e relações abstratas. É a inteligência dos cientistas, utilizada para resolver problemas de lógica e matemática. Representa o modo de pensamento necessário à edição (segunda etapa da escrita), que checa a clareza e a objetividade do texto. Corresponde também à habilidade de planejar um texto eficaz. Deve-se ter o cuidado de planejar sem permitir que o lado lógico iniba o processo criativo (primeira etapa da escrita). Uma boa prática é o estilo jornalístico – direto, claro e preciso –, que deve responder a seis questões básicas: quem? o quê? onde? quando? como? por quê? Outro exemplo é o texto dissertativo, que envolve fato, opinião, hipótese e argumentação.

INTELIGÊNCIA CINESTÉSICO-CORPORAL: aprende melhor por meio de sensações corporais, movimento, toque e atividades físicas. O corpo é instrumento para expressar idéias e sentimentos, para resolver problemas ou fabricar um produto. É a inteligência dos esportistas, artesãos, cirurgiões e bailarinos. Para quem quer escrever, uma boa dica é exercitar o corpo antes. Propiciar pequenas pausas regularmente. Manter um diálogo permanente com o próprio corpo e com as sensações. Evitar longos períodos diante do microcomputador. Investigar temas de interesse para ler e escrever, um pouquinho cada vez. Tudo com prazer, é claro!

INTELIGÊNCIA MUSICAL: aprende, sobretudo, por meio do ritmo, da melodia e da música. Sua maior capacidade está em perceber, discriminar e expressar formas musicais. É a inteligência dos cantores, compositores e bailarinos. Lembre-se: toda nota musical tem uma cor e um cheiro, pode representar uma palavra e assim por diante. Pode-se utilizar a habilidade auditiva como elemento motivador para escrever. Aliás, uma boa forma de estimular a presença do ritmo em nossos textos é ouvir música (prestando atenção nas letras e no ritmo), ler poesias (curtindo as imagens, os sentimentos, o som das palavras...). Enfim, escutar o mundo. Experimente escrever ouvindo uma música apropriada ou compondo a letra de alguma canção. A facilidade auditiva enriquece a construção de textos ritmados e harmoniosos.

INTELIGÊNCIA ESPACIAL: aprende imaginando formas e cores. É capaz de achar o caminho e determinar as direções do espaço, percebendo as relações visuoespaciais – tanto as frontais, à maneira do escultor, quanto as mais amplas, como faz o piloto ao dirigir o avião. É a inteligência dos marinheiros, dos escultores, dos arquitetos, dos decoradores. Ao saber formar um modelo mental do mundo em três dimensões, as pessoas podem explorar e descrever cenários mais dinâmicos. As intervenções visuoespaciais ajudam o leitor a se situar com imagens ricas em detalhes. O desafio é equilibrar o texto (sem abusar de descrições), usando representações visuais e estimulando continuamente o leitor. Uma boa aventura é desenhar com as palavras (caligramas).

INTELIGÊNCIA INTERPESSOAL: aprende melhor se relacionando. Percebe a motivação, a necessidade e os sentimentos dos demais. Ao compreendê-los, sabe como lidar com eles, identificando a maneira adequada de liderá-los, segui-los ou tratá-los. É a inteligência dos bons vendedores, políticos, professores ou terapeutas. Ajuda quem escreve a ter em conta o leitor, a pensar no público-alvo para encontrar a forma adequada de se fazer entender. Motiva a partilhar o que se sabe. Significa ter mais facilidade para preocupar-se com a eficácia da mensagem que deve ser lida e compreendida pelos outros. O desafio é enfrentar a tarefa solitária de escrever.

INTELIGÊNCIA INTRAPESSOAL: aprende melhor sozinho, respeitando seu ritmo de trabalho. Percebe o mundo interior, identificando emoções, pensamentos e metas. Permite entender a si mesmo. Pode adaptar sua maneira de agir com base no autoconhecimento, na autocompreensão, na auto-estima e na autodisciplina – tão essenciais ao desenvolvimento da aptidão lingüística. Sugestões: anotar os sonhos logo ao despertar e cultivar o hábito de registrar as sensações e as observações diárias.

INTELIGÊNCIA NATURALISTA: aprende melhor em contato com a natureza. É a capacidade de distinguir e classificar objetos, animais, plantas. Compreende os ambientes rural e urbano. Inclui as habilidades de observação, experimentação, reflexão e questionamento do entorno. É a inteligência dos botânicos, ecologistas, paisagistas, entre outros. Uma boa dica é começar escrevendo sobre o que observa na natureza para, em seguida, diversificar os cenários, aquecendo o âmago da criatividade.

Outro ponto interessante: os aprendizes táteis-cinestésicos (físicos) aprendem melhor em atividade e movimento; os aprendizes visuais preferem, sobretudo, ilustrações ou leitura; os aprendizes auditivos, por sua vez, optam pela música e pela conversa. Então, para os primeiros, o movimento (dar uma volta, fazer um alongamento ou alguma atividade física) pode abrir espaço para iniciar um texto. Do mesmo modo, os aprendizes visuais podem explorar a técnica da imagem (ver exercício 9, p. 117), assim como os auditivos, uma história sonorizada (ver exercício 10, p. 118).

Uma pessoa mais introspectiva pode preferir a técnica da memória (ver exercício 23, p.124), enquanto alguém racional vai se sentir mais confortável com a lógica fantástica (ver exercício 17, p.121). A lógica fantástica ajuda a encontrar parâmetros racionais enquanto estimula a flexibilidade e a imaginação.

Isso não significa que seja recomendável fazer as mesmas coisas sempre da mesma maneira. Mas é imprescindível levar em conta suas tendências naturais. Recomenda-se, principalmente, em um primeiro momento, concentrar os esforços de modo a despertar o gosto pela palavra.

A divisão e a complementaridade cerebral

A FIM DE MELHOR ENTENDER o processo da escrita, é interessante identificar, ainda que de forma sucinta, as funções ou habilidades de cada hemisfério cerebral. Logo a seguir, será possível compreender como eles atuam e interagem no ato de escrever. Isso porque a escrita solicita tanto a imaginação (hemisfério direito) quanto a clareza e a objetividade (hemisfério esquerdo).

O lado esquerdo do cérebro é essencialmente verbal — usa palavras para nomear, descrever e definir. Analítico, decifra de maneira seqüencial e por partes. Racional, extrai conclusões baseadas na razão e nos dados. Lógico, opera em uma ordem argumentativa, matemática. Linear, um pensamento segue o outro. Em suma, sua função primordial é traduzir toda percepção em representações lógicas e comunicá-las de modo lógico-analítico.

Sua competência se exerce sobre todo o domínio da linguagem (gramática, sintaxe e semântica), do pensamento, da leitura, da escrita, da aritmética, do cálculo e da comunicação digital. Responsável pelo famoso bom senso, pretende nos impedir de cometer desvarios. E, como se cumprisse a função de advogado do diabo, está sempre à espreita com suas exigências e sua visão racional.

Antes de continuar, proponho uma pausa. O que é um bom texto? É muito provável que o leitor tenha pensado em um texto objetivo, claro, bem articulado. Significa manejar palavras de maneira racional, concatenar idéias com clareza. Ou seja: usar o lado esquerdo do cérebro, morada da lógica e do crítico interno. Em termos práticos, o crítico interno — bem orientado — é responsável pelo pente-fino que caracteriza um texto de qualidade, porque lhe dá coerência e permite, por exemplo, correlacionar, argumentar e articular o conhecimento. Mas cuidado: mal orientado, cerceia a criatividade e, por conseguinte, a escrita.

Já o hemisfério direito é não-verbal — diríamos até silencioso. Inclinado a misturar os sentidos literal e metafórico, prefere as ambigüidades, o jogo de palavras, os trocadilhos, a linguagem figurada, condensada e carregada de significados (dos sonhos, das histórias, dos mitos, dos contos de fadas, dos processos terapêuticos, da poesia etc.). Atua por meio da imagem. Nada analítico, opera por síntese, unindo coisas aparentemente desconexas em uma totalidade. Nada racional, consente na isenção de informações e fatos reais. Em vez de fazer uso da lógica e do pensamento seqüencial, é intuitivo, carregado de pensamentos simultâneos. Em vez de convergir numa única conclusão, percebe estruturas e padrões que desembocam em conclusões divergentes, permitindo capturar as múltiplas conexões dos sentidos. Ele é especializado na percepção holística das relações e das estruturas complexas.

Outra habilidade do hemisfério direito é restituir a totalidade de algo com base em um simples elemento. Paul Watzlawick, terapeuta construtivista e professor da Universidade de Stanford, afirma que essa capacidade "permite, por exemplo, reconhecer um indivíduo do qual vemos apenas uma pequena parte do rosto, mais ou menos como um músico sabe identificar um concerto ou uma sinfonia por meio de um simples acorde" (1980, p. 31). No mesmo contexto, as percepções olfativas tornam possível reconstruir mentalmente algumas cenas na íntegra.

No hemisfério direito dominam a imagem, a analogia, a memória dos acontecimentos, dos sentimentos e das sensações. Morada da criatividade, é o lado brincalhão, do prazer por excelência.

Quando bem orientado, responde pela capacidade de processar o conhecimento com originalidade. É aquele viés que permite inovar sempre. O poeta que descreve, de um jeito diferente a cada vez, o mesmo amanhecer de todos os dias. O jornalista que, embora narre o mesmo fato que todos os outros, consegue fazê-lo de modo peculiar, em termos de forma e conteúdo. Em suma, na hora de escrever, é o coadjuvante que deve ocupar o lugar de destaque, pois é responsável pelo jorrar de idéias.

Na verdade, escrever é um ato criador que se compõe de duas partes seqüenciais integradas:
ESCREVER propriamente dito, que é deixar jorrar no papel — ou no computador —, como água de cachoeira despencada do alto, suas emoções, suas impressões, suas sensações, suas informações.

EDITAR, que é acertar seu texto, verificar a concordância gramatical, a correção ortográfica, conferir a coerência, consistência e estrutura da mensagem que você organizou.
(Brandão, Alessandrini e Lima, 1998, p. 55)

O famoso branco na hora de escrever é, em parte, resultado de relegar o hemisfério direito a um papel secundário, ou de submetê-lo a uma camisa-de-força. Mas cuidado: o hemisfério direito não garante por si só a qualidade da escrita. Um bom exemplo são os textos truncados que pecam pela falta de clareza e contextualização. Sem falar naqueles que são absolutamente incompreensíveis (só o autor os entende). De nada valem as boas idéias se elas não estiverem, por exemplo, ancoradas em um encadeamento lógico.

Assim, para escrever é necessária a sinergia entre a intuição (hemisfério direito) e a razão (hemisfério esquerdo). As sucessivas releituras e revisões vão permitir que o lado lógico atue em parceria com o lado intuitivo: um ajudando o outro, certificando-se de que o texto preserva a criatividade e alcança a clareza.

Uma hora para cada coisa

REFORÇANDO: MUITAS VEZES, o lado lógico é privilegiado em detrimento da criatividade.

O hemisfério direito — o sonhador, o artista — se perde muitas vezes no sistema educacional e não é atendido. Encontramos aulas de arte ou aulas de língua em que se praticam "escritura criativa" (creative writing) e também cursos de música. Mas é pouco provável que encontremos cursos de imaginação, de visualização, de habilidades espaciais, de criatividade como matéria em si mesma, cursos de intuição ou de inventiva. Embora os educadores valorizem essas aptidões, aparentemente confiam que os alunos desenvolverão a imaginação, a percepção e a intuição como conseqüências naturais do desenvolvimento de suas capacidades analíticas e verbais.

Quem sabe, agora que os neurocientistas proporcionaram a base conceitual para o treinamento do hemisfério direito, poderemos começar a construir um sistema educativo que leve em conta todo o cérebro. ("Os hemisférios cerebrais", s/d)

Para muitas pessoas, na hora de escrever, a querela constante é o tormentoso branco que acompanha o diálogo do crítico interno:

» "Eu fico pensando em como ordenar as idéias na minha cabeça e não consigo colocá-las no papel."
» "Comigo é uma briga: de tanto querer achar a palavra certa, perco o fio da meada."
» "Fico preocupada com a gramática, com escrever direito, e as idéias fogem."

De fato, o bloqueio do processo criativo ao iniciar o texto é devido, em parte, à preocupação com os aspectos formais da linguagem. É fundamental, sobretudo aos aprendizes, compreender as etapas diferenciadas e complementares da escrita: criação e edição.

Primeiro você cria: apenas registra idéias espontâneas, sem se preocupar com o resultado. O desafio é cessar a voz do crítico interno. Silenciá-lo enquanto conquista fluência. Por essa razão, como veremos adiante, será sugerido escrever um texto a cada dia, durante um mês, sem relê-lo ou revisá-lo. Trata-se de respeitar a criatividade para escrever com desenvoltura.

Uma vez criado o texto, é o momento de editá-lo. A edição representa cuidar da gramática, da pontuação, organizar as idéias, examinar se a mensagem atingiu seu propósito. Nesse momento, o hemisfério esquerdo é o melhor aliado. É lento e crítico. Pondera, classifica. Representa a lógica cartesiana, o desejado raciocínio bem articulado. Dele depende a eficácia da comunicação. Por isso, é peça-chave na hora de revisar.

Em suma, há uma hora para cada coisa. Sempre que possível, é recomendável respeitar os processos: colocar as idéias no papel e, somente em seguida, revisar. Com o tempo e a prática, adquirindo confiança na aptidão criativa, é possível criar e editar simultaneamente.

Essas duas etapas (criação e edição) são interdependentes e fundamentais.

Primeira etapa da escrita: criação

ESCREVER É, ANTES DE TUDO, abrir as comportas do hemisfério direito, sede da intuição, do jorrar de idéias que envolve sensibilidade e inteligência, percepção e conteúdo. Significa, em suma, resgatar o prazer de verter palavras no microcomputador ou no papel. Brincar com elas como uma criança o faria: sem medo de errar, sem nenhuma crítica; juntar coisas para criar o novo, sem se preocupar com normas e regras. Deixar-se invadir pelas associações espontâneas atreladas umas às outras, que disparam na mente como uma inquietação. Embarcar na intuição sem pretender controlá-la; ao contrário, ser surpreendido por ela.

Experimente observar o que ocorre com você quando está inspirado ou muito tocado por uma experiência. Muitas coisas acontecem ao mesmo tempo. São sensações e emoções intangíveis e, contraditoriamente, concretas, porque as vivenciamos. Dificilmente você será capaz de controlá-las. Pode, não obstante, impregnar-se do estado absoluto, do vazio ou da plenitude. São repentes que assolam a mente, de súbito, com idéias extraordinárias. Ou rompantes de sentimentos indescritíveis, fugidios, mas eternos enquanto duram. São certezas que nos assombram porque desprovidas de qualquer argumentação lógica. São respostas simples aos problemas que pareciam gigantes.

Tais estados alterados de consciência correspondem a determinadas categorias de ondas cerebrais adequadas para atividades como a imaginação e a criação. A proposta é desfrutá-las e — livre de restrições ou amarras — transformar idéias, sensações ou sentimentos em texto escrito.

As técnicas de criatividade voltadas para o desenvolvimento da escrita são, em sua grande maioria, recursos que estimulam o devaneio e as associações espontâneas, possibilitando escrever com o lado direito do cérebro. Deixar-se levar pelo campo inexplorado do que, na aparência, afigura-se absurdo. Significa suspender a autocrítica inibidora e a autoavaliação severa, confiando no jorrar de idéias. É como um jogo: uma imagem puxa uma palavra, que puxa outra, que puxa...

Recomenda-se começar a escrever rapidamente, sem se preocupar com as vírgulas ou a acentuação, com a ordenação ou a coerência do texto. Os aspectos formais de linguagem, bem como a organização, serão tratados somente na segunda etapa (edição). Agora é hora de deixar fluir pensamentos, analogias, argumentos, percepções. O que interessa é brincar com as palavras, fazer associações livres, registrando impressões, imagens, sensações, sentimentos e idéias. Quanto maior a velocidade, melhor.

O ideal é realizar, ainda que uma única vez, cada um dos exercícios propostos neste livro, no terceiro capítulo (a partir da p. 113). Talvez um deles permita desencadear uma série de histórias e se torne seu favorito. O que interessa é a disposição para se exercitar. Só é possível aprender a escrever escrevendo.

Jogo meus pensamentos aleatórios e sem nenhuma seqüência lógica em pedaços de papel, costuro-os tão bem quanto mal. É assim que eu faço um livro. Julguem que livro! Tenho prazer de meditar, buscar, inventar [...]. O desgosto é colocar em ordem; e a prova de que tenho menos raciocínio que espírito é que essas transições são sempre o que me custam mais [...]. Minha obstinação natural me fez lutar, voluntariamente, contra essa dificuldade. Sempre quis dar continuidade/finalizar meus escritos e eis que é minha primeira obra que eu dividi em capítulos. (Rousseau, 1994, p. 163)

Segunda etapa da escrita: edição

DEPOIS DA INSPIRAÇÃO vem a transpiração. Agora é a hora de atentar para a auto-avaliação branda demais. Quando possível, é conveniente deixar o texto repousar por, no mínimo, 24 horas. O distanciamento realça o que pode ser reescrito, aperfeiçoado.

Deixe para reler amanhã o que escreveu hoje. Nada melhor para a saúde de um texto do que ficar algumas horas de molho, repousando silenciosamente. De volta ao que escreveu, sempre encontrará algo que pode ser melhorado, dito com mais interesse e vigor. (Marchioni, 2007, p. 168)

Um texto sempre pode ser melhorado. Uma estudante perguntou a alguns escritores se eles escrevem de novo, se corrigem muito o trabalho. Veja algumas respostas:

Carlos Drummond de Andrade: *Corrijo muito.*

Paulo Mendes Campos: *Quando escrevo sob encomenda, não há muito tempo para corrigir. Quando escrevo para mim mesmo, costumo ficar corrigindo dias e dias — uma curtição. Corrigir é estar vivo.*

Rubem Braga: *A vida inteira escrevi para a imprensa, e nunca houve muito tempo para corrigir. Mas corrigir sempre melhora. E corrigir quer dizer mudar uma palavra ou outra, e cortar muitas.* (Campos, Braga, Andrade e Sabino, 1978, p. 8)

No momento de editar, o crítico interno é bem-vindo para checar se o texto cumpriu o fim a que se destina. Comunicar é tornar comum uma mensagem. É, nessa medida, torná-la compreensível aos outros. Por esse motivo, é imprescindível pensar no leitor, facilitando-lhe a leitura.

Ajustar o vocabulário, o tom. Evitar uma linguagem especializada ou marcada por uma maneira de se exprimir que só o autor entende. Inclusive em textos técnicos e científicos, a linguagem não precisa ser pedante, rebuscada ou endurecida. Ao contrário, o texto pode ser gostoso de ler. Deve, inclusive, captar o interesse, sensibilizar. Massagear os ouvidos, fluir sem tropeços. Equilibrar pausas, silêncios e informação.

Em textos jornalísticos e empresariais, por exemplo, não basta a idéia. Lembra o redator e escritor Rubens Marchioni que é necessário validá-la, comprová-la, ser exaustivo na verificação de todos os dados e possibilidades:

> *O que conta é verificar a consistência da mensagem e a capacidade de transmitir aquilo que se propõe*
> *ao público certo,*
> *da maneira certa,*
> *no momento certo,*
> *no lugar certo,*
> *pelo motivo certo,*
> *falando com precisão sobre o tema proposto.* (**Marchioni**, 2007, p. 71)

É essencial garantir a consistência das informações com exemplos, analogias, dados de pesquisa e citações. Sobretudo, esbanjando clareza. Para Marchioni (2007, p. 121), há três motivos que impedem a credibilidade ou clareza: o estilo antiquado; o uso de palavras difíceis e de estrutura pomposa; a dificuldade de pensar e organizar as idéias (conhecimento profundo do assunto).

Uma vez encontrada a solução criativa, é preciso aplicá-la e provar que ela funciona. "Caso contrário, comece tudo de novo. Retome a tarefa de identificar o problema, preparar-se, deixá-lo incubar e assim por diante, até chegar ao resultado satisfatório", diz Marchioni (2007, p. 72). Ele também alerta que, para provocar no leitor a adesão a uma idéia, é bom evitar falar muito e dizer pouco. São necessários esforço e disciplina para tecer cada detalhe do texto, conclui o autor.

Editar é hierarquizar informações, checar as hipóteses, o eixo central e a conclusão. Pensar no objetivo a alcançar. Vale a pena conferir a sustentação do foco, organizar o material e se desfazer daquilo que foge ao propósito (algumas idéias podem ser úteis no futuro; outras são descartáveis).

Eliminar, incansavelmente, frases ou palavras. Enfim, tudo que não é essencial. Toda vez que cortar o inútil, a idéia ganhará em relevo e o texto em força. Segundo a escritora e professora de literatura Francine Prose:

Para qualquer escritor, o que pode ser alterado, revisto, expandido ou — especialmente — cortado é essencial. É uma satisfação ver que a frase encolhe, encaixa-se no lugar, e por fim emerge numa forma aperfeiçoada: clara, econômica, bem definida. (Prose, 2008, p. 14)

Suprima não somente o supérfluo, mas também as repetições (consulte um dicionário de sinônimos e antônimos). A repetição, exceto como função lingüística, empobrece e denota descuido (ou preguiça). Daí a necessidade de se deter em cada palavra.

Para Francine, Alice Munro é um bom exemplo de trabalho acurado de edição:

Não se trata de escrita espontânea, automática, mas, novamente, do produto final de numerosas decisões, de palavras experimentadas, postas à prova, eliminadas, substituídas por outras melhores [...]. (Prose, 2008, p. 34)

Revisar coerência, sintaxe, aspectos semânticos, concordância, ortografia, acentuação, pontuação. Identificar vícios de linguagem, clichês. Retirar ao máximo os pronomes relativos (quem, o qual, donde, que etc.). Prestar atenção no abuso de adjetivações.

Algumas vezes o texto está truncado. Basta ler em voz alta, trabalhar as frases com mais afinco e sanar as imprecisões. O professor Pasquale Cipro Neto atenta para o cuidado na estruturação da frase como forma de evitar a ambigüidade (duplo sentido): "Leve em conta a estrutura da frase e dê atenção especial aos elementos de conexão (preposições, conjunções e pronomes relativos). Pode estar aí a chave da clareza" (Cipro Neto, 2001, p. 105).

Trabalhar o ritmo, a fluidez, a cadência das frases e a coesão entre as idéias, para evitar frases soltas, sem relação entre si. Reescrever as frases longas de um jeito mais leve e direto (dividi-las em duas ou mais sentenças).

Prestar atenção nos rodeios. Ir direto ao ponto. Cultivar o texto conciso e as frases curtas. Conciso sim, sisudo não! Evitar também condensar dez idéias em uma única sentença. O desafio é saber dosar, sem se perder nos extremos.

Cada parágrafo deve ter começo, meio e fim. O que aparece no início e no final tem normalmente mais peso, diz Francine Prose (2008, p. 84). Às vezes, o término de um parágrafo conclui uma idéia ou, ao contrário, funciona como um trampolim para o que virá a seguir. Assim, o início de um novo parágrafo pode dar sentido de cadência, idéias que se complementam, ou, ao contrário, mudar a perspectiva, o enfoque, lançar um novo olhar.

Francine cita um trecho do manual de estilo de William Strunk e E. B. White, *The elements of style*, para enfatizar o trabalho apurado da paragrafação: "Como regra comece cada parágrafo ou com uma frase que sugira o tópico ou com uma frase que ajude a transição" (*apud* Prose, 2008, p. 80).

Mais adiante, recorrendo novamente a uma citação de Strunk e White, sugere que tudo deve ser feito tendo em vista o efeito sobre o leitor:

> *Em geral, lembre-se que a paragrafação requer um bom olho, bem como uma mente lógica. Enormes blocos de palavras impressas parecem temíveis aos leitores [...]. Assim, quebrar parágrafos longos em dois, mesmo que não seja necessário fazê-lo para o sentido, a significação ou o desenvolvimento lógico, é muitas vezes um auxílio visual.*
> (Prose, 2008, p. 80)

Outra advertência dos livros de estilo é a precaução contra o uso de parágrafos de uma só frase: "Se um escritor vai chamar a atenção para a frase isolada, convém que ela seja digna disso" (Prose, 2008, p. 81).

Se duvidar de sua capacidade de corrigir os erros, submeta os textos a um revisor. Não há nada mais desagradável do que equívocos de concordância verbal e erros de grafia grosseiros. Ninguém é tão bom em português, mas todos esperam que você escreva de maneira impecável.

Os manuais de redação dos jornais *O Estado de S. Paulo* e *Folha de S.Paulo* ocupam pouco espaço e podem ser consultados para sanar dúvidas triviais ou cruéis.

O bom e velho dicionário *Aurélio*, instalado no microcomputador, ajuda em todas as horas.

Aprender sempre com os escritores, ler com mais afinco e fazer leituras mais construtivas dos próprios textos. Sucessivas releituras e "pente-fino" são as únicas garantias para o trabalho de escrita evoluir.

Construir o texto como se esculpíssemos uma obra. Perder o rumo inúmeras vezes. Surpreender-se quando o texto vem pronto. Maturar cada palavra, reinventando a linguagem. Assim como você se transforma diariamente, também o texto evolui.

Na ficção e na poesia

CABE AQUI UMA RESSALVA com relação à poesia, à qual não se pode atribuir outra significação afora a própria. O complexo de palavras e devaneios instiga tanto a imaginação e as reflexões infindas do leitor quanto os recursos do próprio autor. Étienne Souriau esclarece:

> *O artista procede como um ourives ao nos apresentar, delicadamente, em suas mãos, uma bela jóia. A jóia não é a mensagem do ourives. Se existe mensagem de sua parte, é apenas esta: Vede e admirai. Da mesma forma, o poeta nos apresenta seu poema. Poder-se-ia dizer que qualquer que seja o poema, a estátua ou a jóia, a mensagem é sempre, sem nenhuma variação, esta: Vede e admirai. É antes um ato que uma mensagem.* **(Souriau, 1973, p. 73)**

Para o poeta ou romancista, os processos criativo e de edição muitas vezes se confundem. Durante a releitura, enquanto descobrem os pensamentos por detrás das palavras, continuam tecendo a trajetória da obra.

Como já foi mencionado anteriormente, cada escritor encontra uma metodologia própria: alguns preferem esboçar um plano de trabalho ou, no mínimo, ter em mente uma idéia clara antes de começar a escrever; outros optam por colocar as idéias no papel, aventurando-se em um território inexplorável com uma única bússola: a imaginação.

Correio eletrônico

SE ESTE LIVRO fosse publicado há um século, certamente eu dedicaria um tópico às cartas manuscritas. Hoje, é inevitável refletir sobre o correio eletrônico, que nos força a criar e editar simultaneamente.

Não apenas se ampliou nosso contato com a escrita, como também o número de leitores e autores prolifera a cada dia. A quantidade absurda de e-mails com que lidamos necessita ser administrada com parcimônia e diligência, tanto os que recebemos quanto os que enviamos.

É muito comum, mais ainda no meio empresarial, a leitura apressada e a elaboração precipitada de uma mensagem. Resultado: a falta de atenção causa qüiproquós inevitáveis, respostas incompletas e perguntas desnecessárias quando todas as informações já estavam no arquivo anexado que não foi lido atentamente.

Às vezes, em fração de segundos, você recebe uma resposta ao seu e-mail, solicitando os dados complementares que estavam no parágrafo de baixo — bastava mover a barra de rolagem.

» Quando enviamos um convite para um evento, aqui na Casa da Comunicação, de praxe usamos poucas palavras. O texto contém *o que* (síntese do conteúdo com link para obter maiores informações), *quando* (dia, hora), *onde* (com link para o mapa do endereço), enfim, todas as informações estão contidas em poucas frases, com possibilidade de detalhamento por meio de link. No entanto, durante os quinze dias seguintes nossa tarefa é responder a e-mails com as mais variadas questões: "Você pode nos enviar o endereço do local?"; "Que pena, esta quinta-feira já tenho compromisso" (quando o evento é no mês seguinte); "Por favor, quero saber o assunto que será abordado"...

Eis algumas regras de etiqueta básicas para o uso da ferramenta. Se o assunto exige ação imediata, nada melhor do que falar com a pessoa pessoalmente ou por telefone. É também muito mais simpático e eficaz agradecer pessoalmente. Um e-mail a menos em troca de um sorriso a mais.

Ao enviar uma mensagem, lembre-se de definir o assunto, permitindo que o destinatário saiba do que se trata de imediato — e para facilitar a localização do e-mail, se necessário. Volte a redefini-lo, quando for o caso. O assunto evolui de um e-mail a outro e atualizá-lo com uma palavra-chave facilita a leitura. Trata-se de uma síntese que resume o que se acaba de decidir ou o que se está em vias de fazê-lo.

Outro ponto que merece destaque: o uso do "cc". Uma mensagem só deve ser enviada a quem está diretamente envolvido no assunto. Distribuir um problema sem critérios aumenta as chances de ninguém assumir a responsabilidade por ele. Portanto, nada de enviar um e-mail para alguém com cópia para todos os funcionários da empresa. O segredo é bater na porta certa.

É bom prestar atenção quando a troca de e-mails se transforma numa seqüência infinita. Melhor usar o telefone. Há questões que não podem ser resolvidas por meio do correio eletrônico. Assuntos cuja decisão é participativa exigem o insubstituível "olho no olho".

Deve-se evitar a todo custo a informalidade, aceitável apenas entre amigos (erros de digitação, displicência de estilo, forma e conteúdo). Muitas vezes a frase ou a palavra está vaga, devendo ser trocada por um sinônimo mais exato. Observar principalmente a concordância, a clareza e a adequação. Se a frase requer muito conserto, melhor refazê-la.

A linguagem de um texto que substitui um bilhete tende a ser mais informal. Em memorandos ou comunicados, porém, o grau de formalidade deve ser maior. O importante é ter em conta conteúdo e destinatário, aprendendo, sobretudo, a adaptar-se aos graus de formalidade.

Aqui cabe uma ressalva. O texto de e-mail é um misto de linguagem escrita e falada, similar à frase de improviso. Ou seja, pensa-se e digita-se ao mesmo tempo. Assim, é fundamental tanto a competência de redigir com rapidez quanto a capacidade de síntese. Ao mesmo tempo, é essencial o hábito de editar o e-mail.

Um texto afoito peca pela falta de decantação. Nada é tão urgente que não possa esperar. A pausa torna a revisão mais produtiva. Por isso, sugiro que a mensagem recém-elaborada respire um pouco em uma pasta de rascunhos para ser revisada, melhorada. Preste atenção na pontuação, tão indispensável que garante a efetividade do sentido que se pretende dar ao e-mail.

A regra de ouro é **reler cada mensagem** antes de enviá-la.

Outra gafe a se evitar em e-mails corporativos: colocar as respostas no meio do texto recebido. Todo mundo merece uma resposta personalizada. E, claro, nada de exagerar as urgências: você enlouquece o cliente (interno ou externo) e, quando recebe a resposta tão ansiada, ela permanece na sua pasta de pendências. Afinal, não era urgente!

A internet propicia a cultura do imediatismo. Então, quando estiver ausente, programe uma resposta automática de ausência temporária, já que o emissor espera retorno quase instantâneo. Aliás, é muito deselegante deixar clientes sem resposta. No mínimo, acuse o recebimento dos e-mails.

Cuidado também com a reprodução dos vícios da linguagem coloquial. O "obrigado" feminino (que deveria concordar em gênero e número com quem faz o agradecimento) e outras pragas correm soltas: "seje", "estarei providenciando", "estarei falando"...

Algumas pessoas tendem a exagerar e despejam muitas idéias desconexas entre si. Sem contar que mais de três ou, no máximo, quatro parágrafos ninguém lerá. Vá direto ao que interessa. Cheque se a mensagem está inteligível. Acontece de um "ok" não clarear o tema. Você faz três perguntas e recebe como resposta: "Ok".

Exemplo prático de e-mail

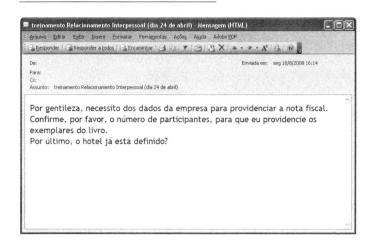

Resposta

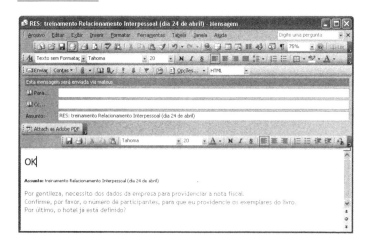

O interlocutor também pode fazer diferença. Se ele for objetivo, vá ao x da questão, sem rodeios; se ele for detalhista, cabem argumentos, desde que se respeite o eixo central (começo, meio e fim). Nada de divagações ou de extrapolar o assunto. A mensagem deve contemplar, em poucas palavras, frases que impressionem pelo vigor, pela clareza.

É fato: clareza é tudo na comunicação empresarial. Dá-se preferência ao texto conciso, coeso e coerente. A frase está clara? A mensagem está breve? Estou sendo específico? Há alguma palavra que pode ser substituída ou cortada? Estou abusando de expressões estrangeiras? Estou adotando usos adequados?

Prefira as frases curtas, que organizam o pensamento e facilitam a leitura. Na hora de revisar ou editar o texto, cheque a ordenação e coesão entre as frases. Prefira sentenças enxutas. O e-mail profissional demanda objetividade.

Evite vocabulário empolado, requintado. Fuja, também, da repetição de palavras. Somente o hábito da boa leitura enriquece a bagagem lingüística e a aprendizagem da estruturação desejável no texto.

O que acontece nos correios eletrônicos, na maioria dos casos, é decorrente de problemas de auto-expressão (deficiências de linguagem, de articulação do pensamento) e de relacionamentos diários. Pior, estes multiplicam-se com a velocidade peculiar da internet.

Por onde começar? Verdade seja dita: as empresas estão "suando a camisa" na tentativa de regular o uso da ferramenta. Diante desse cenário, muitas vezes sou obrigada a dizer aos meus clientes que nem um conjunto de regras, nem uma imersão em gramática podem abarcar a amplitude da questão.

O e-mail corporativo é porta-voz da empresa e requer, em decorrência, informações de credibilidade. Do mesmo modo, a imagem profissional do emissor também está em jogo. Respeitar o destinatário, bem como o conteúdo e a forma, exige o domínio da linguagem escrita. Em suma, implica comprometer-se com o comunicador que você é.

O diálogo do e-mail

Os processos de comunicação dizem respeito ao necessário bom senso. Não é possível aquilatá-lo. É primordial, contudo, refletir sobre os valores que decidem a natureza das relações no cotidiano e, conseqüentemente, a atitude da comunicação por e-mail. Por isso, o ponto central é revitalizar uma bandeira ética que, por meio da escrita, transforme-se em responsabilidade compartilhada.

A confiança é um valor inegável. O exemplo da "cco" (copia oculta) denota, em muitos casos, a precariedade das relações. Esse recurso pode indicar que não se confia no destinatário. Sem contar que ele tem o direito de saber quem recebeu cópia da mensagem. Por outro lado, muitas vezes a necessidade exagerada de selar tudo por escrito é prova cabal de que nossa palavra é que perdeu o valor.

A falta de confiança é a antítese de uma comunicação saudável.

Outro termômetro para diagnosticar a saúde (ou a febre) da convivência é o respeito e as regras de boa educação. "Bom dia", "por favor" e "obrigado" facilitam o entendimento porque humanizam e, sobretudo, colocam-no no lugar do outro. São o antídoto capaz de frear o crescimento a qualquer custo, determinando *como* construir um sentido coletivamente. Significam atitude pacífica e dialogadora. Portanto, atenção bilateral: na qualidade e na adequação do texto, na leitura atenta à mensagem que enviamos e recebemos.

Convém ler os e-mails com calma, respirando nas entrelinhas e dando tempo para entender a mensagem. Respondê-los com cuidado redobrado, porque quem lhe escreveu espera uma atitude compreensiva, objetiva, compassiva ou enérgica. O respeito está por trás da disponibilidade de compreender e de se fazer entender; ele é essencial para garantir a qualidade da comunicação.

Antes de tudo, proponho a revitalização dos valores que dão sentido à nossa cultura plural. Buscar, incansavelmente, os motivos reais que podem nos orientar/estimular a uma comunicação ética. Reunir, por meio do diálogo, a unidade e a diversidade.

Ética e etiqueta caminham juntas

Cada pessoa preserva costumes e crenças particulares. A vida em conjunto demanda uma dose cavalar de bom senso. Exige encontrar o tom certo para dizimar discrepâncias e tornar a convivência uma troca produtiva de hábitos e costumes. Implica o respeito à riqueza da dessemelhança humana enquanto se constrói a própria imagem pública.

Etiqueta é um conceito amplo de princípios reguladores da convivência social. É o que determina não apenas a conduta, como também o estilo pessoal de se expressar, falando ou escrevendo. De fato, o que importa é *como* nos expressamos, nos relacionamos e nos comunicamos.

É inevitável, nos dias atuais, notar que tateamos para definir a netiqueta – conjunto de boas maneiras para o uso do correio eletrônico, tópico ainda em discussão. Como regular o relacionamento de milhões de usuários ligados à rede? Desprovida da inflexão da voz e da linguagem corporal, uma mensagem pode causar um efeito bombástico, um mal-entendido, um desconforto...

Existem princípios básicos que garantem um bom relacionamento, seja por e-mail, seja pelo "olho no olho" – tido, pela grande maioria das pessoas, como a forma mais importante de comunicação. A falta de adequação ao formalismo (excessivo ou inexistente) e a forma omissa ou extravagante, engessada e artificial, mesmo que respaldadas por um conjunto de técnicas ou normas reguladoras, afetam a credibilidade das pessoas.

Desse modo, se alguém se preocupa apenas com a etiqueta pela etiqueta, talvez convença uma vez. Com sorte se dará bem em algumas ocasiões e obterá algum glamour — passageiro, ressalte-se. Ao contrário, quando o comportamento de uma pessoa tem lastro e é ético, ela sempre convence — pois sabe ler uma mensagem ou escutar o outro com o intuito de compreendê-lo. Preocupa-se em reler os próprios textos por respeito ao leitor. Aborda assuntos difíceis com delicadeza e elegância. Mantém-se integra e, assim, reconhece a dignidade alheia.

Foi-se o tempo em que meras regras de formalismo ou de marketing pessoal consolidavam uma imagem. Aliás, as pessoas estão mais exigentes. O culto à imagem está em mutação e dá lugar a uma predileção pela credibilidade que vem de dentro. É a soma de gestos e ações espontâneos e verdadeiros, resultado do comunicador que você é.

Em vez de impor e ampliar as urgências, adotar o diálogo dos quereres. Ao contrário de aparentar que está assoberbado e estressado, como sinônimo de eficiência, o homem, hoje, quer resultados efetivos com qualidade: de vida, de relacionamento, de comunicação. É óbvio: quando as pessoas estão satisfeitas, elas produzem mais e melhor.

Não se procuram homens perfeitos, mas humanos, que aprendam com seus erros. Concluindo, pessoas comprometidas com o meio ambiente e o social, aptas a trabalhar em interdependência. Na prática, pessoas que joguem em um time para, juntas, chegarem mais longe...

São as mesmas lições do jardim-de-infância: respeitar a natureza e o próximo como a si mesmo, honrando-se mutuamente. Assim, a etiqueta na comunicação faz sentido quando resulta dessa base sólida. Em outras palavras, somente o desenvolvimento pessoal constante pode trazer maior consciência da cooperação necessária entre os indivíduos, que precisa, em suma, da consistência dos valores. A comunicação verbal (oral ou escrita), conseqüentemente, deve ter sempre como pano de fundo os princípios, enfim, os pilares que constituem uma postura ética. Afinal, é o que as pessoas valorizam.

Valores da comunicação

Diante da complexidade da vida moderna, prefiro a simplicidade. Aqueles raros momentos em que olhar as nuvens no céu refresca a sofreguidão das grandes metrópoles. Um e-mail com poucas palavras diz tudo. As frases concisas, sem evasivas, carregadas de gentileza. A espontaneidade que mora no silêncio. A transparência do sentido da vida: compartilhar. O café com bolo no quintal. Sem pompas ou artifícios, a capacidade de comover com palavras simples.

O frenesi cartesiano impôs normas e reduziu nossa capacidade de sonhar. Concordo com Italo Calvino quando ele diz que "estamos correndo o risco de perder uma faculdade fundamental: a capacidade de pôr em foco visões de olhos fechados [...] de pensar por imagens" (2006, p. 107-8). Na contramão de uma civilização que nos bombardeia com imagens, relegamos ao segundo plano a experiência sensível da imaginação. A mente precisa reaprender a associar imagens, deformando-as, umas sobre as outras, para extrair delas as infinitas formas possíveis. Romper o pensamento linear a fim de reconstituir o caminho para o fantástico.

Acredito em idéias realizáveis, maturadas com paixão. Destituir a bola de cristal dos gênios e alavancar a genialidade em cada um de nós. Desmistificar o super-homem, tornando o processo criativo acessível a todos. Em vez de engessar e restringir, construir um discurso próprio, por meio do qual se compartilha a visão de mundo e se expressa, em palavras, um testemunho. Perseguir com veemência a expressão genuína e própria do meu, do seu, do nosso escritor adormecido.

Substituir a parafernália centrada nos problemas pela criatividade do grupo. Aprender, coletivamente, a apoiar o peculiar e o diverso. Ampliar o repertório para crescer na diferença. Aparar as arestas das ambigüidades e contradições com respeito mútuo, pontuando com elegância as mais duras sentenças. Instituir uma rede solidária que guiará a expressão verbal autônoma, afetiva e dialogadora.

Reflexão

A MODERNIDADE NOS TORNOU campeões em novas tecnologias. Infelizmente, alguns excessos causam prejuízos quando a pessoa, por exemplo, fica entorpecida diante do microcomputador. Ela pode, inclusive, não ter problemas de raciocínio, mas vai perdendo a vontade de ler, pesquisar e estudar. Indolente, o cérebro vai desistindo. O livro e o papel ficam cada vez mais distantes.

Ao mesmo tempo, a internet, por meio do correio eletrônico, reaproximou-nos definitivamente da escrita. Ou seja: é preciso, com urgência, encarar as dificuldades com a língua. Trata-se de admitir que a grande maioria das pessoas comete erros graves e elementares.

É curioso observar, por outro lado, pessoas que lêem muito e desconhecem a normatização gramatical, além das regras básicas de pontuação ou acentuação, e, no entanto, escrevem com desenvoltura. Essas pessoas provam que a leitura minimiza a deficiência formal do idioma.

Do mesmo modo, um conhecedor das regras de português redige com coesão e coerência, por exemplo, uma breve mensagem de e-mail. Isso, entretanto, não lhe garante fluência para escrever. É nítido, durante os treinamentos, inclusive com jornalistas, que o domínio de determinada técnica não significa aptidão criativa para escrever gêneros diferentes.

Deduz-se, assim, que cabe a todos, a qualquer tempo, combinar a aprendizagem da escrita e a estimulação do hábito de ler. Mas não existem cursos "milagrosos" para sanar as discrepâncias e impropriedades cometidas pelo mau uso da linguagem.

Um curso de gramática certamente é bem-vindo para refrescar a memória. Sabe-se, porém, que a capacidade de absorção de aulas expositivas é de, no máximo, 10% de seu conteúdo. Por essa razão, no quesito escrita, a proposta da Casa da Comunicação é uma combinação do teórico e do prático. Durante, no mínimo, um trimestre, são contemplados quatro aspectos: criação, revisão, edição e incentivo a ler bons autores (a forma mais agradável de aprender a escrever).

Atingir, no entanto, o grau de objetividade e clareza que as empresas desejam exige um programa de educação continuada. As pessoas precisam, antes de tudo, compreender o quanto a escrita resulta da extensão cultural e social e da contínua construção do conhecimento. Assim como elas precisam amar o que fazem, é também essencial apaixonar-se pelos processos de comunicação. Implica, como já foi dito ao longo do livro, decidir que comunicador se quer ser.

De fato, somente ao ganhar em fluência, graças ao processo criativo, é possível fazer as pazes com a escrita. É imprescindível a vontade firme, responsável por edificar uma nova competência. O texto adquire coerência e precisão com trabalho e treino.

O fundamental é manter sempre como ideal o conceito de clareza. Às vezes, o problema é outro: o material está impecável na forma, mas não chama a atenção nem desperta o interesse ou o desejo de agir. Faltou soltar as amarras, comunicar com originalidade e emoção. O inverso também ocorre: uma forma rebuscada ou adornada demais ofusca o conteúdo e, igualmente, não mobiliza o leitor.

Acredito que o texto pode ser, ao mesmo tempo, compreensível, inteligente e encantador. Não há como encurtar o caminho: é preciso ler muito e, ao mesmo tempo, fazer exercícios constantes de escrita.

Claro que talento não se ensina. Mas a competência da escrita e o gosto pela leitura podem ser estimulados e incorporados em qualquer fase da vida. Eu mesma despertei tardiamente para o hábito da leitura, assim como para a vontade de escrever.

Motivos sólidos me levaram a escrever: subsidiar os alunos da Casa da Comunicação. Grata surpresa: acabei me apaixonando – ainda mais – por meu trabalho e, sobretudo, pelo prazer indescritível de, paulatinamente, maturar palavras e me transformar com elas.

Meus livros aconteceram de maneira espontânea, sem nenhum planejamento. As idéias foram brotando e eu apenas me deixei conduzir por elas. Agora, as leituras e pesquisas — muito mais focadas e organizadas — são entremeadas com o processo de escrever. Embora respeite o jorrar espontâneo, novas idéias se intrometem no momento de lapidar e, enquanto reviso, continuo sendo assaltada por novas pistas, dúvidas, rumores, temores.

São etapas que se entrelaçam: o deleite criativo, quando as idéias atreladas me afligem como crianças inquietas (querendo brincar); uma dor indizível, como se tateasse no escuro, buscando significado para a razão de escrever. Procuro validar o sentido do livro, que sempre me parece uma obra inacabada...

É um trabalho solitário. Almejo — sem descanso — alcançar um grau de exatidão maior, sempre com base na observadora que sou. Confesso: jamais serei muito cartesiana, e isso me impele a trabalhar a construção do texto com afinco redobrado.

Quero que o texto tenha cadência e ritmo (soe prazerosamente aos ouvidos do leitor). Desafie o limite entre o escrito e o oral, entre o concreto e o intangível da própria experiência humana. Transgrida a obviedade para capturar o essencial.

Desejo que você também descubra: anote impressões, vasculhe o dicionário, colecione idéias, recorte frases, parágrafos. Crie uma frase que, muito provavelmente, será a primeira da história da língua. Surpreenda-se com a capacidade infinita de se reinventar em palavras.

Desejo, mais que tudo, que você se presenteie com um livro gostoso e se delicie com cada palavra; renda-se à beleza das emoções mais sutis; compre também um caderno bem bonito para deslizar os pensamentos. Um pouco por dia.

Experimente escrever a lápis. A escrita precisa de tempo. Um simples texto todos os dias. Verter sobre o papel em branco as imagens carregadas de significados. Pequenos movimentos que vão permitir grandes amplitudes. Escrever é um ato solitário, mas também solidário: um encontro consigo mesmo e com o mundo.

A dedicação de se dizer e se tornar um leitor atento e participativo. Acordar para o domínio da linguagem; ampliar o repertório de possibilidades lingüísticas; construir o conhecimento. E, com delicadeza e simplicidade, edificar a própria cultura.

Então, mãos à obra!!! » » »

Técnicas de criatividade

III

Foi dada a largada...

A PARTIR DE AGORA, você vai encontrar técnicas de criatividade que favoreçam a fluência escrita. Mas, antes de iniciar o processo, relacione suas dificuldades e facilidades na hora de escrever. Caso o problema maior se concentre no branco, é recomendável estabelecer uma rotina para escrever diariamente.

Tal como enfatizei ao longo do livro: pratique para adquirir desenvoltura. Falta, muitas vezes, permitir-se o jorrar espontâneo — primeira etapa da escrita. Esse é o objetivo das técnicas de criatividade. E, claro, adotar uma atitude criativa, atiçar o caldeirão da criatividade com boas leituras e estímulos à imaginação. Fugir do lugar-comum e das fórmulas prontas, pesquisando o estilo próprio, expressivo.

Se, ao contrário, o maior desafio for a organização do texto, ainda assim será importante a utilização de técnicas que assegurem o jorrar de idéias. Algumas vezes, o texto vem truncado por falta de fluência no processo criativo.

Acontece também de a dispersão mental ser coadjuvante da prolixidade e, por conseguinte, da ausência de foco. Um bom exemplo é o das pessoas que se perdem nas possibilidades do texto, abrindo muitas janelas. Nesse caso, a dica é trabalhar a concisão: introduzir, desenvolver e concluir uma idéia sem rodeios, indo direto ao âmago da questão. Cronometre o tempo (de cinco a quinze minutos). Essa limitação o obrigará a fazer escolhas diante do turbilhão de idéias. Habitue-se a falar menos e escutar mais. Concentre-se na escuta e em tudo que fizer. Conclua o que começou. Preste atenção nos devaneios que o afastam do momento ou do objetivo imediato.

Escreva no computador ou à mão. Escolha a forma mais prazerosa e, principalmente, aquela que lhe permita maior velocidade. Durante os primeiros trinta dias, nada de se preocupar com o resultado. Importa, nessa fase, promover a agilidade de escrever mediante distintos estímulos.

» Uma aluna, prestes a se matricular em um curso de pós-graduação, participou de um grupo de Escrita Criativa. Sugeri a técnica do mapa mental como exercício diário, sabendo que esse recurso poderia lhe ser útil na elaboração da dissertação. Porém, sua dificuldade era exercitar-se sem estabelecer algum propósito maior. "Eu até faço a lição de casa, mas acho absurdo escrever por escrever. Sinto-me mais confortável ao escrever sobre algo bem concreto." A partir do momento em que começou a escrever sobre temas de seu interesse, ganhou em automotivação e fluência.

Passado o primeiro mês, em que os textos são livres, o próximo passo é reescrevê-los procurando definir seu sentido, preocupando-se em eliminar suas incongruências. Trata-se de encontrar um foco e preservar o eixo central (começo, meio e fim). De fato, é necessário preencher as lacunas do texto enquanto se constrói seu sentido, sem esquecer da coesão e da coerência.

Resumo para refrescar a memória

As técnicas a seguir estimulam, essencialmente, o hemisfério direito. Ele funciona por meio de síntese: escolhe as configurações globais, operando analógica, simbólica e qualitativamente. Comanda a intuição, a emoção, o senso artístico, a música e o renascimento das formas. Deixe-se conduzir, portanto, por sua imaginação. Desfrute, durante um mês, do prazer de escrever um texto por dia.

Passados trinta dias, você chama de volta seu crítico interno (o lado esquerdo), que funciona de maneira analítica: classifica, ordena e organiza quantitativa, intelectual e logicamente. Ele comanda a linguagem, a lógica, o raciocínio. Será imprescindível na hora de checar a clareza, a concordância etc.

A idéia é que, em um primeiro momento, você respeite as duas etapas: primeiro crie o texto e, somente em seguida, revise-o. Lembre-se: existe uma oposição ou uma complementaridade entre o lado direito e o esquerdo do cérebro. Ambos os hemisférios colaboram entre si com relativa eficácia. O ideal é que trabalhem em sinergia, formando um time.

Tenho comprovado que, por meio da criatividade, as pessoas descobrem que podem ou já sabem escrever. Aquelas que já escrevem com desenvoltura, por habilidade inata ou por força do trabalho, surpreendem-se com as novas possibilidades do universo da linguagem e com as virtudes da própria escrita.

Antes de iniciar os exercícios lembre-se:

a falta de leitura **não se resolve só com criatividade**, a leitura de bons livros é importante;

aprende-se a escrever **escrevendo**.

Boa viagem! » » »

EXERCÍCIO 1
Buscando palavras para nossas histórias

INSTRUÇÕES: escolha palavras centrais e liste palavras próximas como exercício de livre associação (sem pensar, sem analisar ou buscar coerência).

EXEMPLO DE PALAVRA CENTRAL: mar.

PALAVRAS PRÓXIMAS: água / tubarão / golfinho / praia / areia / criança... Repetir com várias palavras.

EXERCÍCIO 2
De uma palavra nasce uma história

Quando lançamos uma palavra sobre nossa fantasia, produz-se uma série de movimentos, lembranças e sensações que nos permitem inventar algo.

INSTRUÇÕES: a partir de uma palavra-semente, escreva por livre associação, sem parar, sem pensar em frases ou em um texto.

DURAÇÃO: de um a três minutos para cada palavra.

SUGESTÃO DE PALAVRAS: azeitona, marola, arco-íris, economia, trânsito, pensionato etc. (invente outras).

EXERCÍCIO 3
Mapa mental

INSTRUÇÕES: separe uma caixa de lápis colorido e uma folha de papel A3 ou A4. Escolha uma palavra-chave. Escreva-a no centro da folha. Faça associações livres, unindo as idéias aleatoriamente. Se preferir, selecione algum tema que o mobilize internamente.

EXEMPLO: palavra-chave – criança. Criança lembra o quê? Anote as associações espontâneas, desenhando linhas assimétricas, como troncos ou galhos. Ao esgotar uma linha (ver no exemplo da figura), pergunte-se novamente: mas criança lembra o que mais? E assim sucessivamente, até preencher a folha com muitas idéias atreladas umas às outras. Cada palavra é escrita com uma cor diferente (o lado direito do cérebro enxerga o mundo colorido). Não pense. Confie e brinque com sua imaginação. Toda palavra é bem-vinda (não há certo ou errado). O importante é deixá-las jorrar com o máximo de velocidade possível. Uma vez concluído o mapa mental, escreva um texto rapidamente, sem se preocupar com os aspectos formais de linguagem (de cinco a vinte minutos). A única condição é não parar, nem ler, nem ordenar ou refletir sobre o texto.

Caso haja uma ruptura no fluxo de idéias, você simplesmente olha o mapa e pega alguma palavra que lhe pareça inspiradora. Pode inclusive escrever: "Me deu branco e não sei o que dizer". O importante é não dar trela a nenhum tipo de julgamento – nem permanecer no branco, sem mobilizar a imaginação. Não se preocupe com a coerência. Apenas brinque com as palavras.

Se as demais técnicas não o incentivarem o suficiente, sugiro que se dedique ao mapa mental como exercício diário (no mínimo dez minutos, durante trinta dias). Cabe aqui ressaltar que essa técnica pode ser utilizada para a elaboração de qualquer gênero/texto. Uma aluna da Casa da Comunicação apoiou-se no mapa mental para elaborar sua tese de dissertação. Os ajustes necessários, próprios da linguagem e metodologia científica, foram acontecendo na segunda etapa da escrita, ou seja, na edição dos textos.

EXERCÍCIO 4
Seqüência de exercícios para sensibilizar os sentidos

IMAGENS: servem como aquecimento para aguçar a criatividade antes de escrever. Pense em uma paisagem ou um quadro. Isso traz lembranças. Você simplesmente desanda a anotar imagens, sensações e sentimentos. A única condição é escrever sem se preocupar com os aspectos formais da linguagem (ortografia, acentuação, gramática).

OLFATO: feche os olhos e perceba os cheiros diferentes do ambiente. Sinta o cheiro da sua pele, da sua roupa, do ar. Deixe uma bandeja preparada com frutas, perfumes, ervas, condimentos, enfim, odores que avivem o olfato. Se preferir, pode apenas imaginar uma situação com alguma memória olfativa (o cheiro do café que sua avó fazia). Em seguida, escreva rapidamente um texto, registrando as impressões.

PALADAR: também de olhos fechados, mova a língua dentro da boca. Imagine que você está chupando um limão, degustando um chá de boldo e, por último, delicie-se com um pudim de leite condensado. Observe as cores, a textura, o gosto dos alimentos. Lembre de refeições que costuma apreciar. Ou, quem sabe, imagine sua sobremesa predileta da infância. Ao abrir os olhos, escreva um texto sem parar para pensar.

EXERCÍCIO 5
Contando uma história com base em objetos

AQUECIMENTO: observe a textura, a cor, as formas e a disposição dos objetos que estão à sua volta. Em seguida, feche os olhos e reveja mentalmente todos os detalhes dessa observação.

INSTRUÇÕES: escolha um dos objetos e refaça o mesmo exercício de observação minuciosa. Ao terminar, escreva sem pensar. Permita-se ser surpreendido pelas palavras.

EXERCÍCIO 6
Quarto de infância

Van Gogh pintou diversas vezes o quarto de sua Casa Amarela. Ele tinha necessidade de ter um cantinho próprio, onde pudesse se sentir seguro. Desde que vi esse quadro, ele permanece em minha lembrança. E você, que lembranças guarda do seu quarto de infância? Como ele era? Escreva um texto tentando capturar imagens, sensações, sentimentos...

EXERCÍCIO 7
Porão

Imagine agora que você entra em um porão repleto de velhos objetos – roupas antigas, binóculos, fotografias do início do século passado. Está tudo muito escuro, mas alguma coisa chama a sua atenção: no canto esquerdo, debaixo de uma estante, você depara com um pequeno baú. Ao abri-lo... O que encontra? Escreva um texto rapidamente.

EXERCÍCIO 8
A primeira vez

A primeira vez que você foi à escola, o primeiro beijo, a primeira decepção amorosa, o primeiro dia de aula, enfim, a primeira vez guarda sempre sensações e emoções em estado puro. Tente se lembrar das primeiras experiências boas ou nem tanto... Escreva sobre uma delas.

EXERCÍCIO 9
Diante de uma imagem, uma história

Às vezes, é difícil parar o movimento frenético dos pensamentos do cotidiano e desapegar-se do emaranhado de emoções que nos absorvem. Se necessário, faça um pequeno aquecimento.

SUGESTÃO DE AQUECIMENTO: de olhos fechados, visualize seu dia rebobinado, de trás para a frente. Ou seja: desde o que acaba de fazer até o momento em que despertou pela manhã.

INSTRUÇÕES: coloque diante de você um pôster, um quadro, uma imagem ou uma velha fotografia de algum álbum perdido... Observe o objeto durante alguns minutos. Procure ser minucioso e detalhista. Algumas associações espontâneas acontecerão. Anote-as rapidamente. O texto é fruto da inspiração advinda da imagem.

EXERCÍCIO 10
História sonorizada

INSTRUÇÕES: escute uma trilha sonora ou uma música clássica, por exemplo. Preste atenção nos instrumentos, na melodia, no ritmo. Deixe a imaginação compor um quadro. Por fim, redija um texto com suas impressões ou uma pequena história.

EXERCÍCIO 11
As palavras adocicadas

INSTRUÇÕES: escolha duas palavras aleatórias e busque uma relação entre elas. Em seguida, escreva seu texto. Veja o exemplo:

Cadeira e doce. O que aconteceria se tentássemos unir essas duas palavras? Que relações se podem estabelecer entre elas, ainda que disparatadas?

EXEMPLO DE TEXTO: "Existia um povoado repleto de cadeiras doces. Se você mordesse uma cadeira, ela podia surpreendê-lo com gosto de pão-de-ló, bolo de milho, rapadura... Os bancos da praça também eram doces... As crianças viviam de castigo porque mordiam as cadeiras da escola e eram obrigadas a assistir às aulas sentadas no chão. Até que um dia..." Que terá acontecido? Que providências foram tomadas? Como termina a história?

EXERCÍCIO 12
O binômio fantástico

Segundo Gianni Rodari, em *Gramática de la fantasía* [*Gramática da fantasia*], quando lançamos palavras "umas contra as outras, em um céu nunca visto" (1976, p. 23), temos as melhores condições para gerar uma história. Para começá-la, é preciso gerar a luta entre dois conceitos ou idéias. É preciso um binômio fantástico. Duas palavras disparatadas para que a aproximação resulte insólita.

INSTRUÇÃO: escolha por acaso duas palavras no dicionário, ou abra um livro e coloque o dedo sobre duas palavras. Uma vez escolhidas, una-as por meio de preposições (com, do, da, sobre, no, na etc.).

EXEMPLO: escolhemos as palavras *gato* e *caminhão*. Olhe o resultado: "o gato com o caminhão", "o gato do caminhão", "o gato contra o caminhão", "o gato no caminhão". O segundo passo consiste em analisar cada uma dessas frases para ver qual oferece maiores possibilidades, sugerindo uma história. Escreva seu texto rapidamente.

EXERCÍCIO 13
Transformando objetos

O que podemos fazer com um objeto? Diminuí-lo, aumentá-lo, modificá-lo. Combiná-lo com outros objetos que tenham ou não relação com ele. Inverter suas funções, criando um antiobjeto. Mudar sua cor e sua matéria e, até mesmo, deixá-lo mais atraente aos sentidos.

AQUECIMENTO: pense em um objeto. Exemplo: vassoura. O que faríamos com uma vassoura caso a diminuíssemos? Uma vassoura minúscula... Vassoura para matar pulgas. Vassoura para limpar debaixo da unha. Vassoura para...

O que faríamos com uma vassoura caso a aumentássemos? Vassoura gigante para varrer as estrelas, para...

E se a vassoura fosse gelatinosa? O que faríamos com ela? Vassoura para...

INSTRUÇÕES: escolha um objeto e aumente-o, diminua-o, relacione-o com outros objetos, inverta suas funções, mude sua cor, sua textura, a matéria da qual é constituído. Por fim, escreva uma pequena história sobre o novo objeto.

EXERCÍCIO 14
A junção de dois animais

Primeiro liste alguns animais. Exemplo: gato, leão, tartaruga, camelo, elefante... Em seguida, escolha dois. Exemplo: *camelo e leão*. Ao juntá-los, você cria um novo personagem: caleão, leca, lecale, cameão. Escolha o nome que lhe parecer mais disparatado: "Era uma vez um caleão que vivia..." Escreva um texto sobre o novo animal, rapidamente.

EXERCÍCIO 15
As hipóteses fantásticas

A hipótese fantástica é uma das técnicas mais fecundas e oferece excelentes resultados devido à variedade de narrações que se pode obter com ela. A seguir, alguns exemplos.

Escolha um sujeito e um verbo, unindo-os em forma de hipótese.

EXEMPLO:

» sujeito: nossa bicicleta;
» verbo: voar;
» hipótese: o que aconteceria se nossa bicicleta começasse a voar?

OUTRO EXEMPLO:

» sujeito: relógio;
» verbo: enlouquecer;
» hipótese: o que aconteceria se os relógios enlouquecessem?

Um dos livros de José Saramago intitula-se *As intermitências da morte*. É com base em uma hipótese fantástica que ele escreve esse livro: o que aconteceria se a morte tirasse férias?

OBSERVAÇÃO: essa técnica, quando usada pelas pessoas mais racionais, acaba fornecendo uma série de derivações hipotéticas, sem entrar no mundo da narração. Contudo, pode tirar a excessiva seriedade e despertar o senso crítico bem-humorado.

EXERCÍCIO 16
Objetos perdidos da infância

Agora a proposta é fazer um breve inventário de objetos perdidos que você resgata da sua infância. Uma vez concluída a lista, faça algumas anotações sobre as sensações ou sentimentos que eles sugerem. Quando vier alguma história à mente, escreva...

EXERCÍCIO 17
A lógica fantástica

A idéia é criar um personagem e descrever suas aventuras e peripécias, deduzindo-as logicamente. Isso equivaleria a construir uma "lógica fantástica".

Um homem, uma criança ou uma mulher de borracha, de aço, de plástico, de barro etc. O personagem deverá atuar e relacionar-se de forma adequada, obedecendo à natureza do material de que é formado. A análise do material que dá suporte ao personagem informará suas características, sugerindo aventuras e histórias divertidas.

EXEMPLO: imaginemos um homem de papel.

INSTRUÇÕES: estabeleça as características do papel. Ele pode ser branco, colorido, inflamável, reciclável etc. Uma vez estabelecidos os atributos do material, escreva um texto sobre o homem de papel (lembrando que ele agirá de acordo com suas características).

exemplo: o papel é frágil, portanto a casa do homem de papel é de borracha, garantindo proteção contra acidentes. O homem de papel tem absoluto controle emocional e jamais se mete em encrencas (afinal, uma amassada acabaria com sua vida). Seu médico é um fabricante de borracha (garante apagar qualquer pensamento descuidado) etc.

EXERCÍCIO 18
A vida dos provérbios

instruções: liste algumas expressões da língua brasileira. Alguns exemplos: "A mentira tem pernas curtas"; "Deus ajuda quem cedo madruga"; "Em casa de ferreiro, o espeto é de pau"; "Uma andorinha só não faz verão"...

Escolha uma delas e, com base no sentido próprio das palavras, crie uma história mais ou menos familiar.

exemplo: A mentira tem pernas curtas. "Era uma vez uma menina que nunca havia mentido. Até que um dia conheceu a dona Mentira Cabeluda e começou a mentir. A calça do pijama começou a ficar grande demais. Sabe por quê? Ela crescia só da perna para cima, enquanto as pernas encolhiam um pouquinho mais a cada nova mentira..."

EXERCÍCIO 19
Técnica da imaginação ativa: jardim da criatividade

Segundo Edvaldo Pereira Lima (in: Brandão, Alessandrini e Lima, 1998), praticar a visualização criativa significa facilitar a comunicação entre a mente inconsciente (intuitiva, criativa, bem-humorada) e a mente consciente (lógica, concreta, ótima para organizar, mas limitada para criar). Essa técnica é inspirada no seu trabalho *Escrita total*.

INSTRUÇÕES: coloque uma música de fundo que lhe permita relaxar. De olhos fechados, deitado ou sentado (com a coluna ereta e flexível), solte as tensões desnecessárias. Inspire e respire, suave e profundamente, até esvaziar a tela mental e parar de pensar. Apenas se atenha ao fluxo da respiração. Em seguida, deixe que a imaginação se encarregue de criar uma trilha nos mínimos detalhes. Olhe a imensidão azul e a beleza à sua volta. Como é a vegetação? Há pássaros? De que tipo? Caminhe devagar até deparar com um imenso portal onde está escrito, em letras garrafais: "Meu jardim da criatividade". Entre e permita que a imaginação construa esse jardim com leveza e exatidão. Explore-o e escolha um local para construir um estúdio de criação. É o lugar ideal, onde sempre poderá buscar inspiração, relaxar ou se preparar para escrever. Observe as cores, os objetos, os livros... Encarregue-se de criar um refúgio aconchegante. Por fim, refaça o caminho de volta, retomando o mesmo trajeto. Quando chegar ao início da trilha, respire pela barriga, sentindo o peso e os contornos do corpo. Terminada a experiência, escreva sobre um tema de livre escolha. Você pode também fazer um mapa mental com uma palavra-chave central e, em seguida, escrever o texto.

EXERCÍCIO 20
Explorando o erro criativo

Gianni Rodari diz que, em cada erro, até mesmo os de digitação, há a possibilidade de criar uma história.

INSTRUÇÕES: imagine a palavra *papagaio*, no lugar da palavra *rato*. Escreva a história de um papagaio que gostava de queijo e morava no sótão. Do mesmo modo, você pode criar outros erros criativos que podem inspirá-lo a grandes aventuras.

EXERCÍCIO 21
Explorando o prefixo arbitrário

Rodari sugere que uma boa forma de tornar as palavras produtivas e fantásticas é deformá-las.

INSTRUÇÕES: faça duas colunas paralelas – uma de prefixos e outra de substantivos; una-as aleatoriamente.

EXEMPLO: prefixo *pós* e substantivo *bala*. Você inventa o pós-bala e escreve um texto sobre essa combinação. "Pós-bala: trata-se de um invento ultramoderno. Quando disparada até um minuto depois de a pessoa ser ferida por uma bala, a pós-bala tem efeito similar ao da betaterapia, reconstituindo os tecidos. A maior vantagem é que atua em profundidade, deixando o paciente novo em folha."

EXERCÍCIO 22
Explorando a sintaxe

INSTRUÇÕES: faça uma série de perguntas que dão forma a acontecimentos e seqüências.

EXEMPLOS: Quem era? Quantos anos tinha? Onde estava? O que fazia? Com quem conversava? O que disse? Como reagiu às pessoas? De que maneira tudo acabou?

A sugestão é analisar as respostas e subtrair delas uma história.

EXERCÍCIO 23
Minhas memórias

Outra forma de exercitar a escrita é manter um diário ou, simplesmente, registrar suas memórias. Se não sentir prazer nas técnicas lúdicas, escreva sobre sua vida. Você pode imaginar, por exemplo, que tem 90 anos e vai deixar um livro autobiográfico. Escreva um pouco por dia até ganhar em fluência. Leia obras autobiográficas para se inspirar nelas, e preste atenção redobrada para decodificar os diferentes estilos.

Ou, se preferir, pode simplesmente anotar os sonhos e desenvolver textos baseados neles. O mundo onírico é carregado de símbolos, sensações, imagens... Há também pessoas que gostam de registrar suas impressões durante as viagens. Encontre uma forma de exercitar-se com prazer.

EXERCÍCIO 24
O diálogo com o crítico interno

O lado esquerdo do cérebro é conservador, linear, lento e detalhista. Sede da lógica; em vez de ser um servo, passou a ser o senhor. É a morada do nosso crítico interno. A proposta agora é neutralizá-lo, temporariamente, a fim de resgatar a soltura para criar.

INSTRUÇÕES: feche os olhos e respire com suavidade, mantendo a coluna ereta e flexível e os pés apoiados no chão. Convide o crítico interno para aparecer na sua tela mental e observe-o. Pergunte desde quando ele começou a atuar em sua vida, diga que você entende seu papel, agradeça-lhe. Mas explique que você precisa de umas férias e ele também. Presenteie-o com uma passagem para a Conchinchina, para o Caribe... Marque um reencontro com ele dentro de um a seis meses. Ao abrir os olhos, escreva suas impressões sem analisar ou buscar entendê-las. Se preferir, elabore uma carta de despedida.

Lembre-se:
você só ganha em fluência quando cessa a autocrítica. O lado lógico começa, então, a trabalhar em parceria com a criatividade. Em suma, trata-se de respeitar as duas etapas:
 criação e edição.

Apenas isto:
 escrever e ler (os próprios textos e os dos autores consagrados)

por prazer.

Referências bibliográficas

ALENCAR, Eunice Soriano de. *O processo da criatividade — Produção de idéias e técnicas criativas.* São Paulo: Makron Books, 2000.

ALLENDE, Isabel. *Meu país inventado.* Rio de Janeiro: Bertrand, 2003.

ALVES, Rubem. "É preciso aprender a brincar". *Folha de S.Paulo*, Sinapse, 31 ago. 2004. Disponível em: <http://www1.folha.uol.com.br/folha/sinapse/ult1063u896.shtml>. Acesso em set. 2008.

AZNAR, Guy. *Idées — 100 techniques de créativité pour les produire et les gérer.* Paris: Éditions d'Organisation, 2005.

BOAL, Augusto. *O arco-íris do desejo — Método Boal de Teatro e Terapia.* Rio de Janeiro: Civilização Brasileira, 1995.

BOURRE, Jean-Marie. *La diététique du cerveau — De l'intelligence et du plaisir.* Paris: Odile Jacob, 1990.

BRANDÃO, Carlos Rodrigues; ALESSANDRINI, Cristina Dias; LIMA, Edvaldo Pereira. *Criatividade e novas metodologias.* São Paulo: Fundação Peirópolis, 1998.

BUZZI, Arcângelo R.; BOFF, Leonardo (orgs.). *Introdução ao pensar — A linguagem, o conhecimento, o ser.* Petrópolis: Vozes, 1987.

CALVINO, Italo. *Seis propostas para o próximo milênio.* São Paulo: Companhia das Letras, 2006.

CAMPOS, Paulo Mendes; BRAGA, Rubem; ANDRADE, Carlos Drummond; SABINO, Fernando. *Para gostar de ler, volume 3 — Crônicas.* São Paulo: Ática, 1978.

Cardoso, Margot. "Cérebro: saiba como usar (e aprimorar) todo o potencial". *Revista Vencer*, São Paulo, n. 48, ano IV, set. 2003.

Carvalho, Maria Margarida M. J. de (org.). *Resgatando o viver – Psico-oncologia no Brasil.* São Paulo: Summus, 1998.

Cipro Neto, Pasquale. *Inculta e bela, volume 2.* São Paulo: Publifolha, 2001.

Cobra, Nuno. *A semente da vitória.* São Paulo: Senac, 2000.

Corneau, Guy. *Le meilleur de soi.* Paris: Éditions Robert Laffont, 2007.

Di Nizo, Renata. *O meu, o seu, o nosso querer – Ferramentas para a comunicação interpessoal.* São Paulo: Ágora, 2007.

Edwards, Betty. *Desenhando com o lado direito do cérebro.* Rio de Janeiro: Ediouro, 1984.

Gama, Maria Clara S. Salgado. "A teoria das inteligências múltiplas e suas implicações para educação". *Psy-Coterapeuta On line*, s/d. Disponível em: <http://www.homemdemello.com.br/psicologia/intelmut.html>. Acesso em set. 2008.

Goleman, Daniel; Kaufman, Paul; Ray, Michael. *O espírito criativo.* São Paulo: Cultrix, 1998.

Lagardette, Jean Luc Martin. *Manual de escrita jornalística – Escrevo, informo, convenço.* Lisboa: Pergaminho, 1998.

Lowenfeld, Viktor; Brittain, W. Lambert. *Desarrollo de la capacidad creadora.* Buenos Aires: Kapelusz, 1970. [Edição brasileira: *Desenvolvimento da capacidade criadora.* São Paulo: Mestre Jou, 1977.]

Marchioni, Rubens. *Criatividade e redação – O que é, como se faz.* São Paulo: Loyola, 2007.

Mussak, Eugenio. *Metacompetência – Uma nova visão do trabalho e da realização pessoal.* São Paulo: Gente, 2003.

"Os hemisférios cerebrais". Trabalho apresentado durante a 1ª Oficina de Yoga na Educação no Brasil, no Colégio de Aplicação, Universidade Federal de Santa Catarina, s/d. Disponível em: <http://www.ced.ufsc.br/yoga/hemisferios.html>. Acesso em ago. 2008.

Prose, Francine. *Para ler como um escritor – Um guia para quem gosta de livros e para quem quer escrevê-los.* Rio de Janeiro: Jorge Zahar, 2008.

RODARI, Gianni. *Gramática de la fantasía – Introducción al arte de inventar historias.* Barcelona: Editorial Avance, 1976. [Edição brasileira: *Gramática da fantasia.* São Paulo: Summus, 1982.]

ROSA, João Guimarães. *Primeiras estórias.* São Paulo: Nova Fronteira, 2003.

ROUSSEAU, Jean-Jacques. *Les rêveries du promeneur solitaire.* Paris: Bookking International, 1994. [Edição portuguesa: *Os devaneios do caminhante solitário.* Lisboa: Cotovia, 2007.]

SARAMAGO, José. *As intermitências da morte.* São Paulo: Companhia das Letras, 2005.

SAUNDERS, Jean. *Eu pesquiso para escrever – Guia prático para ajudar o escritor a organizar as suas pesquisas.* Lisboa: Pergaminho, 1998.

SOURIAU, Étienne. *Chaves de estética.* Rio de Janeiro: Civilização Brasileira, 1973.

STEINER, Rudolf. *Os doze sentidos e os sete processos vitais.* São Paulo: Editora Antroposófica, 1999.

TIMBAL-DUCLAUX, Louis. *Eu escrevo contos e novelas – Guia técnico da Escrita Criativa.* Lisboa: Pergaminho, 1997a.

_____. *Eu escrevo meu primeiro romance – Guia técnico da Escrita Criativa.* Lisboa: Pergaminho, 1997b.

WATZLAWICK, Paul. *Le langage du changement – Éléments de communication thérapeutique.* Paris: Éditions du Seuil, 1980.

dobre aqui

Carta-resposta
44019628000104/DR/SPM
Summus Editorial Ltda.
CORREIOS

CARTA-RESPOSTA
NÃO É NECESSÁRIO SELAR

O SELO SERÁ PAGO POR

AC AVENIDA DUQUE DE CAXIAS
01214-999 São Paulo/SP

dobre aqui

ESCRITA CRIATIVA - O PRAZER DA LINGUAGEM

CADASTRO PARA MALA-DIRETA

summus editorial

Recorte ou reproduza esta ficha de cadastro, envie completamente preenchida por correio ou fax, e receba informações atualizadas sobre nossos livros.

Nome: _____ Empresa: _____
Endereço: ☐ Res. ☐ Coml. _____ Bairro: _____
CEP: _____ - _____ Cidade: _____ Estado: _____ Tel.: ( ) _____
Fax: ( ) _____ E-mail: _____
Profissão: _____ Professor? ☐ Sim ☐ Não Disciplina: _____ Data de nascimento: _____

1. Você compra livros:
☐ Livrarias ☐ Feiras
☐ Telefone ☐ Correios
☐ Internet ☐ Outros. Especificar: _____

2. Onde você comprou este livro? _____

3. Você busca informações para adquirir livros:
☐ Jornais ☐ Amigos
☐ Revistas ☐ Internet
☐ Professores ☐ Outros. Especificar: _____

4. Áreas de interesse:
☐ Educação ☐ Administração, RH
☐ Psicologia ☐ Comunicação
☐ Corpo, Movimento, Saúde ☐ Literatura, Poesia, Ensaios
☐ Comportamento ☐ Viagens, Hobby, Lazer
☐ PNL (Programação Neurolongüística)

5. Nestas áreas, alguma sugestão para novos títulos? _____

6. Gostaria de receber o catálogo da editora? ☐ Sim ☐ Não
7. Gostaria de receber Informativo Summus? ☐ Sim ☐ Não

Indique um amigo que gostaria de receber a nossa mala-direta

Nome: _____ Empresa: _____
Endereço: ☐ Res. ☐ Coml. _____ Bairro: _____
CEP: _____ - _____ Cidade: _____ Estado: _____ Tel.: ( ) _____
Fax: ( ) _____ E-mail: _____
Profissão: _____ Professor? ☐ Sim ☐ Não Disciplina: _____ Data de nascimento: _____

Summus Editorial
Rua Itapicuru, 613 7° andar 05006-000 São Paulo - SP Brasil Tel.: (11) 3872-3322 Fax: (11) 3872-7476
Internet: http://www.summus.com.br e-mail: summus@summus.com.br

cole aqui